Hula

※本書は 2009 年発行の
『もっと魅せる！感動のフラ　上達のポイント 50』を元に加筆・修正を行ったものです。

本書の使い方

　フラのテクニックが見開きごとに解説されており、皆さんの知りたい、修得したい項目を選んで読み進めることができます。

　各テクニックは、それぞれ重要な『ポイント』で構成され、わかりやすく解説しています。

　ポイントがわかるから覚えやすい。覚えやすいから身につきやすい。ぜひ、フラの習得に役立ててください。

ポイント No.

50 項目のテクニックを掲載。すべてを自分のものにして、レベルアップ。

コレができる

そのテクニックを修得するとどんな効果があるのか、何がわかるのかを示す。

本文

紹介しているポイントの概要を紹介している。ポイントや方法をここで整理する。

ポイント
No.**01**

『カオ』は上半身を固定し
腰から下をなめらかに揺らす

> **コレができる!** ヒザを深く曲げると腰から下を左右に揺らす動きがなめらかになる。

肩は動かさず腰から下だけを体重移動とともに揺らす

　カオは足の位置は動かさず、その場で腰を左右になめらかに揺らす。

　体重を左右に移動させるときは必ず腰の揺れ（スウェイ）が入る。右足に体重が移動したときは、右に腰が揺れ、左足のカカトがあがる。左足に体重が移動したときはその反対の動きとなる。

　上半身も一緒に揺れてしまわないよう注意。腰の動きが止まらないようこころがけて体重を左右に移動させること。

効く
ツボ
1. ヒザは十分に曲げる
2. 上半身は動かさない
3. カカトは自然にあげる

12

ポイント

テクニックを 3 つのポイントにして表現している。この「ポイント」さえおさえれば、テクニックの修得はもう目前。

効くツボ 1
ヒザは十分に深く曲げ背筋はまっすぐに伸ばす

両手は軽く腰に添え、肩のラインが床と水平になるように立つ。足幅は握りこぶし1つが入る程度に開く。次にその状態のままでヒザを曲げる（ベンド）。このときにヒザを深く曲げること。そのほうが左右に揺れる腰の動きが美しくみえる。ヒザを十分に曲げているか確認し、背筋を伸ばす。

効くツボ 2
上半身は動かさないまま揺らす腰は常に動きを止めない

腰を右に揺らすときは左足に体重を移動させてからスウェイ、左に揺らすときは右足に移動させてからスウェイさせる。体重を移動させるとき腰の動きが止まらないように注意。ヒザを曲げて腰を揺らすときには肩が一緒に揺れてしまわないこと。上半身を動かさないように意識しておく。

効くツボ 3
カカトは自然と交互にあがるよう意識する

体重がかかるほうと同じ側の腰があがる。そのときに腰と反対側のカカトもあがる。カカトは無理にあげずに、腰の揺れとともに自然とあがるよう動きにまかせる。あがったカカトを下ろしながら、体重の移動をしていく。カカトが自然と交互にあがると動きがなめらかになる。

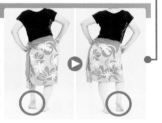

やってみよう
カカトをあげず腰を揺らす
カヒコ（古典フラ）や曲によってはカカトをあげない場合がある。カカトをあげずに、ヒザの動きだけで体重の移動とともに腰を左右になめらかに揺らす動きも、覚えておくとよい。

できないときはここをチェック
上半身は動かさないこと。できないときは壁に向かって立ち、手を壁について上半身を固定し、腰から下だけを動かす練習をしてみる。

レッスンを始めるまでの流れ

教室に入ってからフラのレッスンを始めるまで、
挨拶やマナーなど基本的なことを知っておこう。

1 教室に入ったら笑顔で挨拶！

時間帯によって挨拶は違ってくるが、基本的にはアロハだけでも大丈夫。

午前中	Aloha Kakahiaka	アロハ カカヒアカ	おはようございます
昼	Aloha Awakea	アロハ アヴァケア	こんにちは
午後	Aloha 'Auinalā	アロハ アウイナラー	こんにちは
夕方	Aloha Ahiahi	アロハ アヒアヒ	こんばんは

2 ハワイならではの挨拶のマナー

ハワイでは、ハウマナ（生徒）はレッスン場に入ったらひとりずつクム（先生）に挨拶しにいく。レッスンを始める前だけでなく、帰るときも感謝の気持ちを込め、ハグをして頬にキスをするのがマナーとなっている。

3 練習着の着方もマナーを守る

練習ではパーウースカートという専用のスカートをはく。その着方にも決まりがある。神聖なものなので、足を入れて下からはいてはいけない。必ず頭を通して上から着ること。脱ぐときは下からでもよい。パーウースカートに限らず、楽器などフラで使うものすべてを大切に扱うこと。

魅せるフラ

上達レッスン

基本と表現力を磨く**50**のポイント

「ナ・フラ・オ・ケ・カイ・マル」主宰
ジェーン・クウレイナニ監修

メイツ出版

はじめに

心にしみる、ハワイの曲に乗って
自分が物語の主人公になり、踊ります。
観ている人と、目があう。
観ている人と、心がひとつになる。
観ている人の感情が、高まってくるのがわかる。
観ている人の感動が、伝わってくる。
何とも言えない、幸せな気持ち。

踊り終えると、観ていた人たちの感動が爆発します。
あふれ出る涙を、抑えられない人。
駆け寄ってきて、わたしにハグする人。
こんな感動のフラができるようになったら、
すばらしいですね。
わたしは幸せなことに、
たびたびこのような経験をしています。

正しい練習と、アロハの心が感動のフラへの秘訣です。
感動のフラを目指すあなたに
この本がお役に立てれば幸せです。

4 輪になり祈りをささげる

踊る前に全員で手をつないで輪になる。手をつなぐことでオハナ（家族）となり、心をひとつにするために Oli Aloha を歌う。これはアロハの心が込められた歌を「祈り」としてささげる儀式のようなもの。

Oli Aloha

やさしい心で
Akahai e nā Hawai'i
調和して
Lōkahi a kū like
人に寛大に
'Olu'olu ka mana'o
謙虚に
Ha'aha'a kou kulana e
忍耐強く
Ahonui ā lanakila lae
アロハの心で
Aloha e
誇りをもって
Ku Ha'aheo e

 ## 5 準備が整ったらレッスン開始

Oli Aloha を歌ったあとまずはウォーミングアップ。とくに足首やヒザ、指先、手首をやわらかくしておくことが大切。それが終わったら先生の呼びかけに答えて、いよいよベーシックステップのレッスンの始まりだ。

Mā kaukau?
（マーカウカウ）
準備はいいですか？

先生

'Ae！
（アイ）
はい！

生徒

魅せるフラ 上達レッスン
基本と表現力を磨く **50** のポイント

※本書は 2009 年発行の『もっと魅せる！感動のフラ 上達のポイント 50』を元に加筆・修正を行っています。

PART 1 ステップとハンドモーション

感動のフラを踊るために、ベーシックステップと
ハンドモーションをしっかり覚える。

CONTENTS

PART 2 カ ピリナ

恋人たちの恋愛模様を優雅に、
そしてときにはセクシーに踊ろう。

CONTENTS

PART 3 ウルパラクア

カウボーイたちの感情やウルパラクアの情景を表す
ハンドモーションは丁寧に、ステップは軽快に踏もう。

PART 4 チームで踊りをそろえる

アロハの心を忘れずに、
みんなの心をひとつにして踊ろう。

まずは基本をしっかり覚えておく

ステップとハンドモーション

感動のフラを踊るためには、ベーシックステップと
ハンドモーションをしっかり覚えておくことが大切。
自分のものにするまで何度も練習しよう。

「カオ」は上半身を固定し
腰から下をなめらかに揺らす

コレが
できる! ヒザを深く曲げると腰から下を左右に揺らす動きがなめらかになる。

**肩は動かさず腰から下だけを
体重移動とともに揺らす**

　カオは足の位置は動かさず、その場で腰を左右になめらかに揺らす。

　体重を左右に移動させるときは必ず腰の揺れ（スウェイ）が入る。右足に体重が移動したときは、右に腰が揺れ、左足のカカトがあがる。左足に体重が移動したときはその反対の動きとなる。

　上半身も一緒に揺れてしまわないよう注意。腰の動きが止まらないようこころがけて体重を左右に移動させること。

効くツボ
1. ヒザは十分に曲げる
2. 上半身は動かさない
3. カカトは自然にあげる

効くツボ 1

ヒザは十分に深く曲げ
背筋はまっすぐに伸ばす

両手は軽く腰に添え、肩のラインが床と水平になるように立つ。足幅は握りこぶし1つが入る程度に開く。次にその状態のままでヒザを曲げる（ベンド）。このときにヒザを深く曲げること。そのほうが左右に揺れる腰の動きが美しくみえる。ヒザを十分に曲げているか確認し、背筋を伸ばす。

効くツボ 2

上半身は動かさないまま
揺らす腰は常に動きを止めない

腰を右に揺らすときは左足に体重を移動させてからスウェイ、左に揺らすときは右足に移動させてからスウェイさせる。体重を移動させるとき腰の動きが止まらないように注意。ヒザを曲げて腰を揺らすときには肩が一緒に揺れてしまわないこと。上半身を動かさないように意識しておく。

効くツボ 3

カカトは自然と交互に
あがるよう意識する

体重がかかるほうと同じ側の腰があがる。そのときに腰と反対側のカカトもあがる。カカトは無理にあげずに、腰の揺れとともに自然とあがるよう動きにまかせる。あがったカカトを下ろしながら、体重の移動をしていく。カカトが自然と交互にあがると動きがなめらかになる。

やってみよう

カカトをあげず腰を揺らす

カヒコ（古典フラ）や曲によってはカカトをあげない場合がある。カカトをあげずに、ヒザの動きだけで体重の移動とともに腰を左右になめらかに揺らす動きも、覚えておくとよい。

できないときはここをチェック

上半身は動かさないこと。できないときは壁に向かって立ち、手を壁について上半身を固定し、腰から下だけを動かす練習をしてみる。

13

『ヘラ』は十分に腰を揺らし、差し出した足は伸ばす

> ! コレが
> できる! **体重の移動がスムーズにできるようになれば、体がふらつかない。**

足の位置、ヒザの状態、腰の揺れ、頭の位置を意識する

　腰をスウェイさせたときに体の位置は動かさず、その場で左右の足を交互に斜め前へと出す動きがヘラだ。

　十分に腰を落としてヒザを曲げた状態から左右の足を交互に差し出す。前に出す足はまっすぐ伸ばし、**伸ばした足の裏の全面を床につける。**つま先はあげないこと。腰のスウェイとともに後方の足に体重をかける。体重移動のスウェイのとき**頭を上下に動かさないようにすると美し**く見える。

効くツボ

1. ヒザの曲げ伸ばしに注意
2. 頭の高さは一定に保つ
3. 足は静かに優雅に差し出す

効くツボ 1

腰をスウェイさせて
ヒザは深く曲げ足を伸ばす

ヒザは深く曲げて腰を落とし、背筋はまっすぐ伸ばす。腰を左にスウェイしながら、右足を斜め前に一歩分差し出す。足の裏は床に全部つけ、ヒザはまっすぐに。腰を十分にスウェイさせてから足を伸ばすと動きがスムーズに。このとき体重は左足にかけ、左足のヒザは曲げた状態になる。

効くツボ 2

体重を移動させるときは
頭の高さは一定に保つ

斜め前に差し出した右足を引くときは左足に軽くつけてから元の位置にもどす。まっすぐに伸ばしていた右足は再びヒザを曲げた状態になり、最初の姿勢にもどる。右足を元の位置にもどすときに体重を右足に移しつつ、腰を右へと深くスウェイ。頭の高さが上下に動かないよう気をつけて。

効くツボ 3

左右の足を交互に出すときは
音を立てず静かに

腰を右にスウェイし、体重を右足に移動させたら、左足を斜め前に差し出す。差し出した左足はまっすぐ伸ばす。後方の右足のヒザは曲げたまま。差し出した左足を引くときは、右足に軽くつけてから元の位置にもどす。左右の足を交互に出すときはつま先をあげずに静かに差し出す。

Let's ☞やってみよう

前後に進むステップもある

位置の移動がないヘラのステップができるようになったら、ヘラをしながら前に進む「ヘラ イムア」や、後ろにさがる「ヘラ イポペ」などのステップにも挑戦してみよう。

できないときはここをチェック

足をもどしたときにヒザがきちんと曲がっているか確認。体重の移動にともなうステップなので、十分に腰を入れて深く揺らすよう意識する。

15

「カーホロ」の
ステップは頭の高さを一定に保つ

💡 コレが できる! **上半身は固定したまま腰をスウェイさせて右左へと進める。**

腰を左右に十分スウェイさせ 2歩ずつステップを踏む

　カーホロは、腰を左右にスウェイさせながら、右に4拍進み、左に4拍もどるステップ。

　右に進むときは腰を左に十分体重を移動させてからスウェイさせ、右足を横にスライドさせながら、4拍進む。横に進むと同時に腰は自然に右左にスウェイ。左にもどるときは腰を右に体重移動してからスウェイをする。

　進むときは体を上下に動かさないで、なめらかな動きをこころがけて進むこと。

 効くツボ
1. 足の動きにあわせ体重移動
2. 進む方向へ十分にスウェイ
3. 進む足は高くあげない

 効くツボ 1

足を差し出すと同時に
なめらかに体重を移動させる

上半身は背筋を伸ばし、ヒザを曲げて腰を落とす。右に進むときは、腰を十分に右にスウェイさせる。重心は右足にかける。自然な歩幅で左足を横に動かし右へ1歩進む。これが1拍目。腰を右にスウェイさせ、左足にあった体重を右足に移し、2拍目の左足は右足にそろえる。

 効くツボ 2

進む方向へ十分に
スウェイをする

4拍で右へ進んだら次に左へもどる。腰を十分に右にスウェイさせ、重心を右足にかける。左足を横に動かし左へ1歩進む。腰を左にスウェイさせて体重を左足に移し、右足は左足にそろえる。同様にもういちど右足、左足と動かす。いつも笑顔を忘れずに。

効くツボ 3

進む足は高くあげず
横に動かす

進み出す足をあげたり、踏み出したりすると体が上下に揺れてしまう。上半身は上下させないよう注意。進むときは足を高くあげずに横に動かすと、頭の高さが一定に保てる。腰は深い位置で十分にスウェイするのをこころがけ、なめらかに動かすとステップが美しく見える。

やってみよう
いろんな方向でやってみる

カーホロができるようになったら、方向を変えながらカーホロのステップをしてみよう。まず正面向きをやったら次に左、後ろ、右の方向と90度ずつ角度を変えて進んでみる練習を。

できないときはここをチェック

上半身が動いてしまうときは、まずは横歩きの練習をしてから、ヒザを曲げる、腰のスウェイを入れる、と段階を踏んで練習をする。

「カーホロ フラ」は
胸の位置で手首をなめらかに動かす

 コレが
できる! 曲の間奏で踊られることが多いステップがスムーズにできる。

指は動かさず手首を
やわらかく動かしてステップ

　カーホロ フラはポイント
3のカーホロ（P16）にフラ
のハンドモーションをつけた
もの。曲の初めや、1番と2
番の間などの間奏（ヴァンプ）
で踊られることが多い。

　手は胸の高さを目安にし
て、進行方向に伸ばした**腕
のヒジは軽く緩める**。指は
曲げずに手首をやわらかく
ウェーブさせて、カーホロの
ステップを踏んでいく。**手
で波を表す**イメージで動い
てみると雰囲気がつかみやす
い。

 効くツボ
1. **手の位置は胸の高さに保つ**
2. **顔は常に進行方向を見る**
3. **体は上下に揺れないように**

効くツボ 1

手の高さは胸の位置で
手首をなめらかに動かす

ヒジを曲げて胸の前の位置で両手をあわせる（キャッチアップ）。両手の親指は4本の指につけ、指は開かない。手のひらは卵が入るような湾曲をつくる。左手はそのまま、右手は進行方向にややヒジを緩めた状態で伸ばす。手首をなめらかにウェーブさせながらカーホロステップで右へ。

効くツボ 2

手先だけでなく顔も
常に進行方向を見ておく

右方向へ進むステップの最後は、3歩目で右足に体重を乗せ、4歩目は左足を右足に寄せてそろえる（タップ）。次に左へ向きを変える。両手はヒジから先だけを移動させ、右手はヒジを曲げて胸の前に、左手は進行方向にややヒジを緩めつつ伸ばす。顔は常に進行方向を向くこと。

効くツボ 3

ステップの最中は
体が上下に揺れないよう注意

体重を十分に右足にかけて、腰を右にスウェイさせてから左方向へカーホロステップで進む。左足を横に出し、体重を左足に乗せる。右足を左足にそろえる。もういちど左足を横に出し、最後に右足を左足にそろえてタップ。ステップの最中は体が上下にバウンドしないよう注意する。

☞やってみよう

片手でも動かしてみる

両手でできるようになったら片手ずつフラのハンドモーションをやってみよう。もう片方の手は腰に置き、手首をなめらかに動かしながら横から前、前から横と方向を変えて練習を。

できないときはここをチェック

フラのハンドモーションをつけると難しく感じるかもしれない。まずはきちんとカーホロのステップをマスターしてから挑戦してみる。

『オーステップ』はヒザを 十分に曲げてから体を90度真横に

> 💡 **コレが できる!** 前に出した足のヒザを十分に曲げておけばスウェイがなめらかになる。

軽やかに体をひねるような イメージで

　オーステップは正面を向いた姿勢から、体が真横になるように一歩足を前に出す。軽やかに90度に体をひねるステップだ。

　ヒザを曲げて腰を落とした姿勢で立ち、体が90度の向きになるよう片足ずつ体の前に出す。このとき出した足のヒザを必ず曲げる。**顔は出した足の方向につられず、常に正面を向く。**美しく見えるためには、十分にヒザを曲げるとともにスウェイで体重の移動をするのも忘れずに。

効くツボ
1. **片足を前に出し体を真横に**
2. **常にヒザは曲げておく**
3. **出した前足に体重移動**

効くツボ 1

正面向きから真横になるよう
足とともに体の向きを変える

ヒザを曲げて腰を落とした姿勢で正面を向いて立つ。体が90度真横になるよう、右足を体の前に出す。足を出すときは腰を意識して、右腰を前に突き出すようなイメージで行う。出した右足のヒザは伸ばさないよう、必ず曲げた状態で、体重を右足に移動させ腰を右にスウェイ。

効くツボ 2

常にヒザは曲げて
ややがに股の状態を保つ

前に出した右足に体重を移動させたとき、後方の左足のカカトはあがる。顔は前に出した足先のほうではなく、常に正面を見るよう意識しておく。右足に移動した体重を左足に移動させ、前に出していた右足をもどす。このときも両方のヒザは曲げたまま、ややがに股の状態になる。

効くツボ 3

前に出した足に体重を移動させ
後方の足のカカトはあがる

次に左腰を前に出すよう意識して、体が左向き90度になるよう左足を前に出す。前に出した左足に体重を移動させ、腰を左にスウェイする。このときに右足のカカトはあがる。両方のヒザは曲げておくこと。左足をもとの位置にもどし、がに股の状態で体を正面に向かせる。

 **やってみよう**

回転しながらのステップ

正面を向いてオーステップができるようになったら、左右、後ろと体を回転させる（フリ）ながらステップをしてみる。どこが正面に当たるのかを意識して顔は常に正面を向くこと。

できないときはここをチェック

前に足を出したときに体が90度真横になるよう意識する。鏡の前に立ってステップをして、きちんと真横になっているか確認してみる。

「レレ イムア」は前進
「レレ イホペ」は後退する

 コレが できる! 足の動きだけでなくハンドモーションをつけるとステップが踏みやすい。

必ず最初は右足から
4歩前進、4歩後退する

レレはハワイ語で「歩く」、イムアは「前に」イホペは「後ろに」という意味。レレ イムアは前に歩く、レレ イホペは後ろに歩くステップでカヒコにも多く使われている。

イムアで**前に進むときは、右足から。前斜め45度の位置に右足を出す**。次は左足で、全部で4歩前進する。**イホペで後ろに進むときも右足から。**

最初のうちはハンドモーションをつけず、両手を腰にあてて練習してもよい。

効くツボ
1. 足を出す位置は斜め45度
2. 視線は常に手先を見る
3. 前進、後退の姿勢に注意

効くツボ 1

前に進むときは右足から
斜め 45 度の位置に足を出す

腰を十分に左にスウェイさせながら、右足を前斜め45度の位置に1歩出す。ハンドモーションをつける場合、このときは左手はヒジを曲げて胸の横、右手は肩の高さで進行方向に伸ばす。次に腰を右にスウェイさせながら、左足を前斜め45度の位置に1歩出す。右手は曲げ、左手を伸ばす。

 効くツボ 2

後退するときも右足から
視線は常に手先を見ておく

後ろにさがるときも右足から。前進したときと反対に右足を斜め後ろ45度の位置に1歩さげる。右足をさげると同時に腰を右にスウェイ。このとき手の位置は左手はヒジを曲げて胸の横、右手は前斜め45度の方向に伸ばす。左足をさげるときは手は反対に。視線は常に伸ばした手先を見る。

効くツボ 3

前進のときはやや前かがみ
後退のときはやや後ろに反る

曲げているヒジはピンと張って、胸の前に置いた手の位置がさがらないように高さを保つ。前進、後進とも十分に腰をスウェイする。前進のときは上半身がやや前かがみに、後進のときは上半身がやや後ろに反った状態になるよう意識すると、ステップの見た目が美しくなる。

 **Let's やってみよう**

ハンドモーションを変える

同じステップを他のいろいろなハンドモーションでも練習してみよう。例えば、海を表すケ カイ（P42）のハンドモーションで斜め前進、後退ができれば踊りのバリエーションも広がる。

できないときはここをチェック

足を1歩出すときに腰のスウェイが十分にできているか確認。最初は足の動きだけを練習して、じょじょにハンドモーションをつけてみよう。

「クイ」は片足を内側に蹴りあげ、軽快にステップする

 コレができる! ヒザを曲げ腰を十分にスウェイすることでステップが安定する。

腰のスウェイとともに軽やかに片足を蹴りあげる

クイは横に片足を軽く蹴りあげながら移動するステップ。どのステップでも始めにヒザを曲げて腰を落とした姿勢が大切。このステップでは**ヒザを曲げて十分に腰をスウェイしてから始めることで、軽やかに片足を蹴りあげることができる。**右足を横へ1歩踏み出すと同時に腰を右にスウェイし、左足を内側に蹴りあげ、カカトを右足首のあたりに置く。右方向へ4回蹴ったら、今度は逆の足で左方向に4回蹴りあげて移動する。

効くツボ
1. あげた足のカカトは内側を向く
2. 下ろす位置は足首あたり
3. 腰のスウェイを十分に行う

効くツボ 1

蹴りあげた足のカカトは
内側に入るよう意識

スタートは両足ヒザを曲げて腰を落とした姿勢から。腰を右に移動させながら右足を横に1歩踏み出す。体重を左足へ移動させると同時に腰を左へスウェイ。次に腰を右にスウェイさせながら左足を内側に軽く蹴りあげる。蹴りあげた足はカカトが内側に入るように意識すること。

 効くツボ 2

あげた足を下ろす場所は
もう片方の足首あたりに

蹴りあげた左足を下ろすときには、カカトを右足の足首のあたりに置く。同じようにして右方向へ3回ステップを繰り返しながら進んでいく。右に4歩進んだら、今度は逆の左方向へ進むことになる。腰を右へ移動させた後、左へ腰をスウェイさせるとともに左足を横に1歩踏み出す。

 効くツボ 3

腰のスウェイを十分に
行うとテンポがとりやすい

左に腰をスウェイさせると同時に右足を内側に蹴りあげ、下ろすときはカカトを左足の足首あたりに。力強く1歩を踏み込むようにするとテンポがとりやすい。同時に腰のスウェイも十分に行うことで、蹴りやすくなる。右方向と同じように4回蹴りあげながら左へ4歩進む。

 **やってみよう**

足を外側に蹴り出してみる

足を内側に蹴りあげるステップは「ハワイ クイ」ともいう。足を外側に蹴り出す「モロカイ クイ」というのもある。応用編として足のカカトを外側に蹴り出すステップも覚えておこう。

できないときはここをチェック

ヒザを曲げて腰をスウェイさせているか確認。優雅に腰をスウェイさせながら、踏み込む足や蹴りあげる足が美しく見えるよう練習しよう。

『インヴァート』は
半円を描くようにステップする

💡 **コレが
できる！** おへその向きを意識しながら腰をスウェイすることができる。

**歩くときは腰とおへそと肩の
角度に注意する**

インヴァートは**半円を描
くように歩くステップ**。

両ヒザを曲げ、腰を落とし
た姿勢から始める。まずは右
足を斜め後ろに出す。このと
きにおへそは斜め45度のほ
うを向いている。そこから半
円を描くようにして4拍で右
へ進み、歩くときは腰をス
ウェイさせながら、**おへそ
は常に斜め45度前を向く**
ようこころがける。左へ進む
ときは左足を斜め後ろに出し
てから同様に進む。このとき
もおへその向きに注意するこ
と。

効くツボ
1. おへそは斜め45度に
2. 右足をさげて右へ進む
3. 顔は常に正面を見る

効くツボ 1

おへそは常に斜め 45 度
のほうを向くよう意識

ヒザを曲げて腰を落とし、背筋はまっすぐに伸ばす。右足を斜め後ろに出し、体重は右足に移動。このとき腰も右にスウェイした状態で、おへその位置が斜め 45 度のほうを向くよう意識する。右方向へと半円を描くようにして歩く。1 歩 1 歩前に足を運ぶたびに腰のスウェイを入れる。

 効くツボ 2

左方向へ進むときは
左足を後ろに出してから

4 拍で右へ進むと体は左 45 度に向いた状態になる。左方向へと進む場合は、左足を斜め後ろに出す。このときに体重は左足に移動させ、腰も左にスウェイ。左方向へと半円を描くようにして 4 拍で進む。腰を左右にとスウェイしていくときおへそは常に斜め 45 度のほうを向くよう意識を。

 効くツボ 3

ステップで半円を描くが
顔は常に正面を見ておく

おへそを進行方向に対して常に斜め 45 度を向くようにするには、右足を出すときは右に、左足を出すときは左にと 1 ステップごとに十分な腰のスウェイをする。顔は常に正面を見ておくこと。4 拍で左方向へ進み、繰り返す場合は右足を後ろに出して体の角度を変える。

☞ やってみよう

ハンドモーションをつける

インヴァートのステップができるようになったら、カーホロ フラ（P18）のハンドモーションをインヴァートのステップを踏みながらやってみよう。踊りのバリエーションが広がる。

できないときはここをチェック ☑

スウェイをしながらステップができないときは、ヒザを曲げずに半円を描く歩き方から練習。できたらスウェイをつけるようにする。

27

「アミ」は円を描くように
腰を回してステップする

コレが
できる! **ヒザの動きを意識することで、スムーズに腰の回転ができる。**

**上半身は揺らさずに
腰だけをしなかやに回す**

アミは腰を左後ろから右へおへその前を通して、円を描くようにぐるりと回すステップ。

フラフープを回すときのように**腰だけを回し、頭や肩など上半身は揺らさない**。上から見たときに自分の頭が中心となり、腰が頭の周りを回っているようなイメージをもとう。

美しく腰を回すにはヒザをしっかり曲げておく。腰を回しながら体重を移動するときは、腰と一緒にヒザを回さないよう気をつけること。

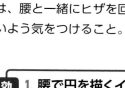
効くツボ
1. 腰で円を描くイメージ
2. 後ろへお尻を突き出す
3. おへそを前に突き出す

効くツボ 1

自分を中心に円を描く
イメージで腰を回す

ヒザを十分に曲げ、腰を落とした状態から始める。右手は胸の前、左手は腰に置いたほうが自分の動きがわかりやすい。腰を右回りにお尻の後ろを通して円を描くイメージで回す。左足から右足に体重を移動させたときは右腰があがりヒザは緩むので、カカトが自然にあがる。

効くツボ 2

腰を前に回すときは
おへそを前に突き出す

右にあがった腰をおへそを前に突き出すようなイメージをもちながら左に回す。おへその前へ腰を回したときの状態を横から見ると、両ヒザを曲げたまま腰は前にある。くれぐれも上半身をまっすぐ伸ばしたままで動かさないこと。おへその前を通した後は元の位置へ腰をもどす。

横 **正面**

効くツボ 3

腰を後ろに回すときは
お尻だけを後ろに突き出す

左にあがった腰はお尻を後ろにやや突き出すようにして大きく右へと回す。横から見るとお尻だけが後ろに出ている状態になる。ヒザを前後に動かしながら体重は左足から右足へと移動させる。右足に体重を移動させたときは右腰があがり、左足のヒザが緩み、カカトがあがる。

横 **正面**

左回りもマスターしておく

右回りをしたら次に左回りに腰を回してみる。左右どちらにも回せるように練習しておくと、踊りにメリハリがついて華やかだ。アミをしながら体も回るのがアミ　ポエポエ（P30）となる。

できないときはここをチェック

腰だけで円を描くこと。上半身が動いてしまうときは、両手を壁につけて上半身が動かないように腰を回す練習をしてみよう。

「アミ ポエポエ」は
ヒザをしっかり曲げて腰を回す

> コレが
> できる！　ヒザを曲げてメリハリをつけて腰を回すと、足を前に進めやすくなる。

回すのは腰だけでなく
足で円を描きながら一周

　ポエポエはハワイ語で「回る」という意味。アミ ポエポエは**アミ（P28）をしながら、その場で体を回すス**テップ。

　左回りをするときは、左足を軸にしてアミをしながら回る。一周するのを4拍で回る場合と8拍で回る場合があり、8拍のほうがリズムがとりやすいので比較的やさしくできる。最初のうちは8拍で一周するのを練習するとよい。片足を軸にして優雅に腰を回しながら、一周してみよう。

効くツボ
1. **軸にした足は動かさない**
2. **拍子の半分で真後ろを向く**
3. **手の高さは常に一定を保つ**

効くツボ 1

右足だけを移動させて その場でアミをする

ヒザを曲げて腰を落とし右手は胸の前、左手は腰に置く。左足に体重を移動させ、右に腰をスウェイ。左足を軸にして、右足を前に移動させ、その場でアミをする。左腰をあげた状態からお尻の後ろを通して右へ、そして右からおへその前を通って左へと腰を一周させる。

効くツボ 2

拍子の半分で体が真後ろに 背筋は常にまっすぐの姿勢

左足は動かさず、アミを1回したら円を描くように右足を前に進める。体を一周させるのに4拍で回っている場合は2拍目のとき、8拍で回っている場合は4拍目のときが、体がちょうど後ろを向く。アミの最中、背筋はまっすぐに伸ばしヒザを十分に曲げて腰を回す。

効くツボ 3

胸の前に置いた手の高さは 上下しないよう一定を保つ

体を一周させているときの視線は、胸の前に置いている手のヒジの先を見る。ヒジはピンと張って、手の高さは上下しないよう胸の位置を保つこと。4拍目、または8拍目で正面を向いた姿勢にもどる。反対の右回りをするときは、右足が軸となり、左足で円を描くことになる。

やってみよう
回す腰の高さを変えてみる
腰の高さを一定にしてのアミ ポエポエができるようになったら、一周するときに途中でヒザをより深く曲げて低い位置で腰を回すなど、腰の高さにアップダウンをつけて回ってみる。

できないときはここをチェック
アミの練習を十分にしておくこと。ポエポエのステップが加わることで動きがぎこちなくなりやすい。何度も練習して体に覚え込ませよう。

「ウヴェヘ」は
ヒザを斜め前に突き出すように開く

 コレが できる! 動きにメリハリのあるステップで、インパクトのある表現ができる。

**ヒザを開くときに上半身が
動いたりしないよう注意**

　ウヴェヘは腰をスウェイしながら両ヒザを斜め前方に突き出すように軽く開くステップ。

　ヒザを曲げたままで、右足をあげる。あげた右足をしっかりおろしたら**両足のカカトをあげて両ヒザを斜め前に突き出すようにして開く**。カカトを下ろしながらヒザを閉じる。左足も同様に左右交互に行う。カカトをあげたり、ヒザを開くときに上半身が跳びあがらないよう気をつける。**背筋はまっすぐ伸ばしておくこと**。

効くツボ
1. つま先も床から離す
2. ヒザを斜め前に突き出す
3. ヒザを開くタイミング

効くツボ **1**

ヒザからもちあげた足は
つま先も床から離す

半身は背筋を伸ばしてまっすぐに。こぶし1個分の歩幅で立ち、ヒザを十分に曲げて腰を落とした姿勢から始める。腰を左にスウェイしながら、体重を左足に移動させる。腰を左にスウェイさせたままの状態で、右足をヒザからもちあげる。このときつま先はしっかり床から離す。

効くツボ **2**

カカトをしっかりあげて
ヒザは斜め前に突き出す

同じ位置に右足をカカトまでしっかり床に下ろし、下ろしながら腰を左から右へとスウェイ。腰が右端にくる手前で両足のカカトをあげヒザを斜め前に突き出すように開く。一瞬、がに股の状態に。カカトとヒザをすばやくもどし、腰が完全に右にスウェイしたときに左足をあげる。

効くツボ **3**

ヒザを開くタイミングは
腰が反対側に移動する手前で

左足をあげたときのステップも同じ。左足を同じ位置に下ろしながら、腰は右から左へスウェイ。両足のカカトをあげてヒザを開くタイミングは弧を描きながら腰をスウェイしたときに右から4／5程腰が移動した位置が目安。ヒザを開いてすばやく閉じたあとも十分に腰はスウェイを。

Let's やってみよう

前後に歩きながらステップ

ウヴェへのステップをはじめは位置を移動させずにやってみる。できるようになったらステップに前後に歩くことを加えてみたり、レレ ウヴェへ（P34）に挑戦してみよう。

できないときはここをチェック ☑

なれないうちはぐらつくこともあり難しいステップ。最初は腰のスウェイをせずに、ウヴェへのステップでヒザを開く練習をしてみよう。

「レレ ウヴェヘ」は
出した足をもどしてヒザを曲げる

> **コレが
> できる!** ヒザの曲げ伸ばしのメリハリをつけることでステップが美しく見える。

ヒザを伸ばす、曲げるの
メリハリをしっかりとつける

　レレ ウヴェヘはウヴェヘ（P32）とヘラ（P14）を組みあわせたステップ。

　まず右足を横に1歩出し、腰を右にスウェイしながら体重を右足に移動。左足を斜め前方に伸ばしたあと、右足の横にそろえ、ヒザを十分に曲げてウヴェヘをする。足を左右反対にして繰り返す。

　差し出す足のヒザはしっかり伸ばし、ウヴェヘをする前のヒザは十分に曲げること。

効くツボ	1. 出した足のヒザは伸ばす
	2. ヒザの曲げは十分に
	3. 腰のスウェイを止めない

効くツボ 1

斜め前に出した足は
ヒザをきれいに伸ばす

ヒ ザを曲げ腰を落として立つ。右足を横に1歩出し、腰を右にスウェイしながら体重を右足に移動させる。ヘラのステップのときと同じように、左足を斜め前に差し出す。左足はカカトまでついた状態でヒザは伸ばし、右足はヒザを曲げたまま。そして出した左足を右足の横にそろえる。

効くツボ 2

ウヴェヘをする前は
両ヒザを十分に曲げる

斜 め前に差し出した左足を右足の横に寄せたら、ヒザを十分に曲げる。両足のカカトをあげて、ヒザを斜め前に突き出すようにして開き、すぐにカカトを下ろしてヒザを閉じる。このとき腰は左にスウェイしながら左足に体重を移動させる。左に腰をスウェイしたら、右足を斜め前に出す。

効くツボ 3

腰のスウェイは止めずに
スムーズに体重移動する

左 足を出したときと同じように、斜め前に出した右足はカカトまで床にしっかりつけヒザを伸ばす。左足はヒザを曲げたまま。右足を左足にそろえたら両ヒザを十分に曲げ、両足のカカトをあげてヒザを斜め前に突き出しウヴェヘ。このとき腰は右へスウェイさせ、腰の動きは止めない。

やってみよう

前後の歩きや回転を加える

ややこしい動きだが、ウヴェヘとヘラのステップをしっかり練習することが上達のコツ。できるようになったら前後に歩きながら回転しながらなど、ステップのバリエーションを広げよう。

できないときはここをチェック

ウヴェヘをする前にヒザを十分曲げているか確認しよう。伸ばした足を引き寄せたとき、両ヒザを深く曲げないとヒザを押し出せない。

『キイ』は
足の位置と腰のスウェイが決め手

💡 **コレが できる!** 腰を十分スウェイすることで、次の足を出すのがスムーズにできる。

足を差し出して元にもどす テンポに気をつけよう

　キイは**足を横と斜め前に 出して、元にもどすステッ**プ。まずは右足を横に出す。次に右足を前斜め45度くらいの位置に移動させる。**差し出した足のヒザは伸ばし、**カカトまでしっかりと**足裏 は床につける**。右足を元の位置にもどし、右足へ体重移動させるとともに腰を右へスウェイ。次に左足を差し出し、左右交互にステップを。

　最初はステップだけでもいいが、なれてきたら足の動きに手をあわせてみよう。

効くツボ
1. 差し出す足のヒザは伸ばす
2. 両足そろえたら必ずスウェイ
3. 伸ばしたときの目線は手先

効くツボ 1

横、斜め前と差し出した足は ヒザを伸ばして床につける

背筋を伸ばしてヒザを曲げ、腰を落とした状態
で立つ。体重を左足に移動させながら腰を左
にスウェイし、右足を横に出す。このとき足裏を床
にぴったりつけてヒザを伸ばす。手の動きをつける
場合は右足と同じ方向に右手を伸ばし、左手は胸の
前。次に斜め前に右足と右手を移動させる。

効くツボ 2

出した足を元にもどしたら 必ず腰をスウェイさせる

斜め前に出した右足を元の位置にもどす。右手
もヒジから曲げるようにして胸の前に置き、
体重を右足に移動させながら腰を右にスウェイ。右
足に体重をかけたら、次に左足を横に出す。出した
足のヒザは必ず伸ばすこと。もう片方の足のヒザは
曲げたまま。

効くツボ 3

手を伸ばしたときの視線は 伸ばした手の先を見る

横に出した左足を斜め前に出し、左手も同じ方
向に伸ばす。次に斜め前に出した左足を元の
位置にもどし、伸ばしていた左手もヒジから先を動
かして胸の前に。このときの視線は正面を向く。体
重を左足に移動させ腰を左にスウェイし、交互に繰
り返す。

Let's やってみよう
足と手の動きを変えてみる

ステップを覚えたら足と同じ方向に出すハンド
モーションを加える。それができたら、足が前
のときは手を横に、足が横のときは手を前にと、
足と手を別々に動かす高度な技に挑戦しよう。

できないときはここをチェック

「横、前、スウェイ」と掛け声をかけ
るとテンポよくできる。はじめはハンド
モーションやスウェイをつけず、足の
動きだけで練習してみよう。

「キイ ヴァエヴァエ」は 流れるような動きを意識する

 コレが できる! 足、腰、ヒザを意識すれば、美しいステップができるようになる。

腰のスウェイを深くすること で動きもなめらかに

キイ ヴァエヴァエはキイ （P36）にウヴェヘ（P32） を加えたステップ。

右足または左足のどちらか を横、斜め前と差し出す。元 の位置にもどしたとき、腰の スウェイをしながら途中で両 カカトをあげ、ヒザを斜め前 に突き出すウヴェヘをする。

はじめは難しいと感じるか もしれないがほかのステップ と同様、**腰のスウェイを十 分にすることで動きをなめ** らかに美しく見せてくれる。

効くツボ
1. 出した足と腰はあがる
2. 十分ヒザを曲げてウヴェヘ
3. 出した足のヒザは伸ばす

効くツボ 1

差し出す足と反対側の腰は
あがっている状態になる

背筋はまっすぐに、ヒザを曲げて腰を落とした姿勢から始める。ハンドモーションをつける場合は両手はヒジを曲げて胸の前に置く。右足を横に出し、右手も同じ方向に伸ばす。このとき体重は左足にかかり左腰があがっている。次に右足を斜め前に移動させる。右手も同じ方向に伸ばす。

 効くツボ 2

足を元の位置にもどしたら
ヒザを十分曲げてウヴェへ

右足を元の位置にもどし、右手も胸の前に。両ヒザを十分に曲げて体重を右へ移動させながら腰を右にスウェイ。腰が4／5移動したとき、両足のカカトをあげヒザを斜め前に突き出す。カカトを下ろしヒザを閉じながら残り1／5のスウェイ。体重が移動したら左足と左手を横に出す。

 効くツボ 3

出した足はヒザを伸ばし
足裏はきっちり床につける

右足のときと同じように、左足を横に出したら、次に斜め前に出す。伸ばした左手も斜め前に。差し出した足のヒザは伸ばし、足裏は床にきっちりつける。手を伸ばしたときは視線を手の先に。左足と左手を元の位置にもどしたら、腰を右から左へとスウェイさせ、途中でウヴェへする。

Let's 🖐 やってみよう

キイの応用編ともいえる技

キイの応用編がこのキイ ヴァエヴァエでかなり高度な技だ。このステップができるようになったら差し出す手と足を逆にしてみるなど、バリエーションを豊かにしていこう。

できないときはここをチェック

手と足の動きがあっているか確認。ステップをしなやかに見せるために、まずはキイをしっかりマスターしてから、ウヴェへを加えてみる。

『オニウ』は
お尻で横に美しい8の字を描く

**コレが
できる！** ヒザを十分に曲げることで、左右の足への体重の移動もスムーズに。

**左右の足に体重の移動をさせ
大きくお尻を動かす**

　オニウは腰を動かしてお尻
で横に8の字を描くステップ。

　ヒザを曲げて腰を落とした
状態から始める。左後ろから
右斜め前、右後ろから左斜め
前と**お尻で大きく8の字を
描く**ようにして腰を動かす。

　**曲げたヒザを前後に動か
しつつ、左右の足に体重の
移動をしていく**ことで、ス
ムーズに8の字が描けるよう
になる。

　くれぐれも上半身を動かさ
ないよう注意。美しい腰の動
きを意識して練習してみよう。

**効
く
ツ
ボ**
1. **お尻と体重の移動**
2. **おへそが8の字の中心**
3. **頭や肩の高さは一定を保つ**

効くツボ 1

お尻の移動とともに
体重がかかる足も変わる

背筋はまっすぐに、ヒザを曲げて腰を落とした姿勢から始める。左右のヒザを前後に動かし、左足に体重をかけながらお尻を左後ろに移動させる。そこから右斜め前の方向へとお尻を移動。そのときの体重は右足にかかる。体重がかかっていない側の足はカカトが自然とあがる。

効くツボ 2

おへそが 8 の字の中心に
なるよう意識して動かす

右斜め前にもってきたお尻をそのまま大きく弧を描くように右後ろへと移動させる。このとき体重は右足にかかっている。右後ろから次は左斜め前にお尻を移動。体重は左足にかかる。イメージとしては自分のおへそが横にした8の字の中心となるよう意識してお尻を動かしていく。

効くツボ 3

頭や肩の高さは常に一定を
保つよう心がける

左斜め前に移動したら、大きく弧を描くようにしてお尻を左後ろへ移動。ここまでで8の字が完成。なめらかに描けるようになるまで何度も練習を。動かすのは腰から下のお尻とヒザとカカトのみ。上半身、とくに頭や肩は高さを一定に保つよう注意。顔は常に正面に向けること。

Let's やってみよう

お尻の高さを変えてみる

早くなめらかにお尻を動かせるようになったら、同じ高さで8の字を描く以外に、途中でヒザをより深く曲げるなどして、お尻の位置に高低差をつけながら8の字を描くのに挑戦。

できないときはここをチェック

お尻を移動させるときに頭や肩が動いていないか確認。動いてしまうときは、壁に手をついて上半身を固定させて練習してみよう。

「ケ カイ」は
手首だけを上下させて波を表現する

💡 コレが できる! 手の向きや手首の使い方に気をつけることで美しい波を表現できる。

指先ではなく両手首を
しなやかに動かす

　ケ カイはハワイ語で「海」を意味するハンドモーション。両手でビーチに打ち寄せる波を表現する。

　体の前に両手を平行に置く。海は体の下部で表現するのでヒジをやや伸ばしておへそのあたりの高さを目安にし、両手首を上下に動かして波のラインを描く。

　卵の上にかぶせているように手のひらを湾曲させ、**5本の指はぴったりつけておく**。指先を動かさないよう注意して**手首だけを動かす**こと。

効くツボ
1. **手のひらは湾曲させる**
2. **手首を使って上下させる**
3. **両手は同じ高さを保つ**

効くツボ 1

手のひらは湾曲させ、おへその前あたりに置く

海は体の下部で表現するので、ヒザは十分に曲げて手を下のほうで動かす。指をぴったりつけ、手のひらは卵の上にかぶせているように湾曲させる。おへそのあたりの高さに両手を置き、手首から先を上にあげる。カーホロステップ（P16）で1歩右に進んだら、手首を使ってさげる。

効くツボ 2

指は動かさずに手首を使って上下させる

指は動かさず、手首を使って上下させながらカーホロステップで右にもう1歩進む。今度は左に進むため両手のヒジから先を動かして手先が左方向になるように置く。顔は常に進行方向の指先を見るよう意識する。右向きから左向きの折り返しの時点では手先がさがっている状態になる。

効くツボ 3

動かす両手首の高さは同じになるようこころがける

手首を使って手先を上にあげてから、再びカーホロステップで左に1歩進み、手首をさげる。同じように手首を上下させて、左にもう1歩進む。右方向に2回、左方向に2回、手首を使って海の波を描くことになる。手首を上下させる高さは、左右の手で同じになるようこころがける。

やってみよう
途中で手の高さを変えてみる
おへその前あたりで一定の高さを保ち左右にきれいな波を描けるようになったら、途中でヒザをより深く曲げるなど体を上下させながら、波を描いてみると表現のバリエーションも増える。

できないときはここをチェック
指先を動かしていないか確認。5本の指はすべてつけておき、手首だけを動かして波を描くこと。手首がしなやかに動くようこころがけよう。

「カ モアナ」は
手と手の間隔や回す動きを大きくする

> 💡 **コレが
> できる！** 動きを大きくすることで、海の規模が大きいことを上手に表現できる。

大きく回すことで
大きい海のうねりを表現

　カ モアナはハワイ語で「大きい海」の意味。ケ カイ（P42）がビーチに打ち寄せる海の波なら、カ モアナでは太平洋や大西洋など大きくて広い海の波を両手で表現する。

　両手のひらを湾曲させ、その手のひらを下に向けて体の前に上下に置く。そのまま上下の手首を大きく2回まわす。

　大きい海のうねりを表すハンドモーションなので**上下に置いた手の間隔が狭くならないよう気をつける**こと。

 効くツボ
1. 手と手の間隔は広くあける
2. 外向きに大きく2回まわす
3. 回すあいだも間隔を保つ

効くツボ 1

手と手の間隔が
狭くならないよう注意

大きくてやわらかい波を表現するために、手の状態や位置を確認。やさしく卵をもっているようにそれぞれの手のひらを湾曲させ、そのままの状態で下に向ける。ヒジを曲げて手のひらを体の前に上下に置くのだが、手と手の間隔は狭くならないよう注意。約25cmくらいを目安に。

効くツボ 2

体の前から外側に向け
左右の手を大きく2回まわす

最初は右手を上、左手を下に置いた状態から始め、手と手の間隔に気をつける。カーホロステップで右方向に進みながら右手を外側から下へ、左手が上になるように手首を大きく2回まわす。回すときは指先を動かさないよう注意。2回まわし終わったとき左手が上の状態になる。

効くツボ 3

回していても上下の
間隔は常に一定を保つ

左手が上になった状態から、次に左方向へ進む。右方向に進んだときと同じように、手首を大きく2回まわす。回している間に手と手の上下の間隔が狭くなってしまわないよう気をつける。間隔は常に一定を保つこと。大きく手首を2回まわしたら最後に右手が上になるようにする。

👉やってみよう

手首を上下に動かして回す

手を回すときに、同時に手首を上下に動かしながら回してみる。よりやわらかい波のうねりが表現できる。そのときも指先は動かさずに、しなやかに手首だけを動かすこと。

できないときはここをチェック ✅

指先が動いていないかを確認。指先は動かさず手首だけを使うハンドモーションは多い。日頃から準備体操で手首をやわらかくしておこう。

「カ ウア」は
ピアノを弾くように指先を動かす

> **コレが
> できる!** 指先の動きが細かいほど、やさしい雨や霧の表現ができるようになる。

**指先は常に上を向け、
前後に細かく動かして下ろす**

　カ ウアはハワイ語で「雨」
や「霧」の意味を示す。
　両手の指先を前後に細かく
動かしながら、頭の上のほう
から下へと下ろしていくハン
ドモーション。クリスマスの
時期には「雪」の表現にもなる。
　指先はまるで**ピアノを弾
いているかのような動き**で
上から下へと下ろしていき、
常に指先は上を向いている
こと。
　手が下りてくるのにあわせ
てヒザを十分に曲げ、空から
大地に降る雨を表現しよう。

効くツボ
1. 指先は常に上を向いたまま
2. 下りていく両手の指先を見る
3. 低い位置まで両手を下ろす

効くツボ 1

細かく動かした指先は
常に上に向けておく

空から降ってくる雨や霧や雪を表現するハンドモーションなので、高い位置から低い位置まで指先を細かく動かしながら手を下ろす。上から下へと下ろしていくときに両手の指先が下を向いてしまうのは NG。指先は常に上を向き、手のひらが正面を向いている状態になっていること。

効くツボ 2

手先を見ながら少しずつ
上から下へ下ろす

指先を上にして手のひらを正面に向け、両手を上にあげる。視線は指先に向ける。背筋をまっすぐ伸ばしヒザをやや曲げた状態から始める。右左へと腰をスウェイさせながら、指先を細かく動かした両手を少しずつ上から下ろす。手を下ろすときはヒジを少しずつ曲げながら、なめらかに。

効くツボ 3

低い位置まで下ろすには
ヒザを深く曲げる

下ろすときは両手の高さは左右が同じになるよう心がけること。視線は常に指先を見ておく。両手が胸の下まで下りてきても、決して指先は下に向けない。左右への腰のスウェイとともにヒザをより深く曲げて低い姿勢になりながら、できるかぎり低い位置まで両手を移動させる。

やってみよう

S字を描きながらおろす

上から下へ両手をまっすぐ下ろしてきたときは雨の表現、左右に S 字を描くように下ろしてくると霧や雪の表現になる。まっすぐ下ろせるようになったら、S 字を描きながら下ろす練習を。

できないときはここをチェック ☑

指先はできるだけ細かく動かす。最初のうちは指の動きがぎこちないかもしれない。日頃から指先が柔軟に動くようストレッチをしておこう。

『カ マカニ』は
頭の上で手をゆったり大きく回す

 コレが できる! 手を回すときにゆったり大きく回すことで、山に吹く風を表現できる。

**伸ばす手と回す手の
ヒジの状態に注意する**

　カ　マカニはハワイ語で「風」の意味を示す。

　片手を斜め45度前方にあげて、もう片方の手を頭の上で2回転させるハンドモーション。伸ばした手は山を、回転させる手は山に吹く風を表現する。

　斜め前方にあげた手のヒジはまっすぐ伸ばすほうが美しく見える。頭の上で回す手は頭から10cmほど離したやや高い位置で、頭の前方から後方へと手首をやわらかく使って大きくゆったりと回す。

 効くツボ
1. 視線は伸ばした手先に
2. 伸ばした手の高さを保つ
3. 頭の前方から後方へ回す

効くツボ **1**

視線は斜め前にあげた
手の先に向ける

右 手のヒジを伸ばしてまっすぐにし、手のひらを下にして斜め45度前方にあげる。視線は右手の指先に向ける。左手のヒジを曲げ手のひらを下にして頭の上にあげる。前方から後方へ手のひらで円を描くようにして左手を頭の上で2回転させる。このときステップはカーホロで右へ進む。

 効くツボ **2**

伸ばしたほうの手は
常に同じ高さを保つ

右 手を斜め45度前方にあげ、左手を頭の上で大きくゆったりと2回まわしているあいだ、まっすぐに伸ばした右手がさがらないよう、常に同じ高さを保つこと。頭の上で回す左手のヒジは曲げたまま、回すときは手首をやわらかく使って回す。2回まわしたあと、今度は左手を伸ばす。

効くツボ **3**

頭の前方から後方へと
頭の上で2回転させる

左 右の手を逆にする。左手を斜め45度前にヒジを伸ばしてまっすぐにし、手のひらは下に向ける。視線は左手の先。右手はヒジを曲げた状態で頭の上にあげる。頭の前方から後方へと下へ向けた手のひらを頭の上で大きくゆったりと2回まわす。このときステップはカーホロで左へ進む。

 **やってみよう**

両手を交互に回してみる

風を表すハンドモーションにはこの他にもいろいろある。右手と左手とを交互に頭の上で大きく回すとより激しい風の表現に。さまざまな表現方法を知っておくと演技の幅も広がる。

できないときはここをチェック

伸ばした手のヒジがまっすぐ伸びているか確認。手先もまっすぐになるよう心がける。頭の上で回すほうの手はヒジを曲げておくこと。

ポイント No.20

「カ プア」は
手首をやわらかく使い美しい花をつくる

💡 **コレが できる!** 指先はそろえ、手首をなめらかに動かすことで美しい花が表現できる。

片手を差し出して 花を1つだけつくる

　プアはハワイ語で「花」を意味する。「カ」は単数の冠詞を示し、カ プアのときは「1つの花」を表している。その意味の通り、片手で花を1つつくるハンドモーション。

　左右どちらか片方の手を自分の体の斜め前に、手のひらを下に向けて差し出す。手首を内側にひねりながら指先をあわせ、花のつぼみをつくり、上に向ける。指先をあわせる**とき手首をやわらく動かすことで美しい花をつくる**ことができる。

効くツボ
1. つくった花は上に向ける
2. 視線は花をつくる指先に
3. 下に押してから上に向ける

効くツボ 1

花をつくった指先は
まっすぐ上に向ける

手 首をひねりながらつくる花は、親指を伸ばしておき、その親指に他の4本の指先を寄せる。4本そろえた指の中央に親指がついた状態になる。できあがった花は必ず指先がまっすぐ上に向くようにすること。手首を曲げたり指を曲げたりして花が傾いた状態にならないよう注意する。

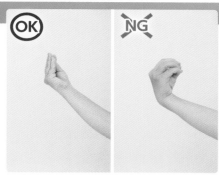

 効くツボ 2

視線は花をつくるほうの
指先に向ける

右 手を斜め45度前に出す。指先をそろえて手のひらは下に向け、ヒジは伸ばさずに少し緩める。視線は指先に向ける。そのままいちど手のひらを下に軽く押してから手首を内側にひねり、手のひらを上に向けながら手のひらをややもちあげる。上に向けると同時に5本の指先をつける。

 効くツボ 3

手のひらを下に押してから
指先を上に向ける

カ ーホロステップなどで右へ進むときは最初に右手でつくる。次に左へ進むときは左手を斜め45度前に出し、指先をそろえて手のひらは下を向ける。右手と同様、手首を内側にひねる前にいちど手のひらを下に軽く押す。そして手のひらを上に向けると同時に指先をつけて花をつくる。

やってみよう
花をつくる高さを変えてみる
高い位置でつくれば木に咲く花を表し、低い位置でつくれば地面に咲く花を表すことになる。ヒザを深く曲げて低い位置でつくるなど、つくる高さを変えて花を表現してみよう。

できないときはここをチェック
つくった花はそろえた指先がきちんと上に向いているか確認を。手首をやわらかく動かして、手のひらを返すのと同時に指先をそろえること。

ポイント No.21

「ナー プア」は
左右の指先、手首をそろえて美しい花をつくる

コレができる! 両手の動きなどをそろえることで同時に美しい花がつくれる。

左右の手は同じタイミングで内側にひねる動きをする

カ プア（P50）はハワイ語で「1つの花」を意味する。単数を示した「カ」に対し、「ナー」はハワイ語において複数の冠詞を示す。花を意味するプアの前にナーがついている場合は「多くの花」を意味する。**両手で同時に花をつくる**ハンドモーションで表現する。

指先をそろえて花をつくる方法はカ プアの場合と基本的に同じ。左右の手の動きがバラバラにならないよう気をつけて、美しく多くの花を表現しよう。

効くツボ
1. 出した指先はそろえる
2. 左右の手の動きは同じに
3. 花はまっすぐ上向きにする

効くツボ 1

両手を差し出したときも
指先はそろえる

力ーホロステップなどで右へ進むときは、両手を右斜め45度前に手のひらを下にして出す。両手のヒジは伸ばさずに少し緩め、指先はそろえておく。両手首をしなやかに動かして手首から先に下にいちど軽く押すようにして下ろし、指先まで下ろしたら、両手の指先を少しずつつぼめる。

効くツボ 2

左右の手の動きがバラバラに
ならないよう注意する

指先をつぼめて花のかたちをつくりつつ、手首を使って両手を内側にひねりながら指先を上にもってくる。このときに左右の手の動きがバラバラにならないよう注意。同じタイミングで花をつくり、指先はまっすぐ上を向くようにすること。次に左に進むときは、両手を左斜め前に出す。

 効くツボ 3

完成した花はまっすぐ
上向きになるようそろえる

両手のヒジは伸ばさずに緩めた状態。下に向けた手のひらを手首から先に下に軽く押し、両手首を使って両手を内側にひねりながら上にもってくる。このとき同時に指先をつぼめて花をつくる。完成した花がまっすぐ上向きになるよう両手の指先をそろえる。視線は常に指先に向けること。

やってみよう

つくる両手の高さを変える

今度は両手で花をつくる高さを変えてみよう。ハワイ語では上のほうに咲いている花のことは「Na pua iluna」下のほうに咲いている花は「Na pua ilalo」という。

できないときはここをチェック ☑

両手を内側にひねるときに手首がなめらかに動いているか確認。両手を下に押すときは手首を先に押すようにすると動きがなめらかに見える。

「カ ヴァヒネ」は
視線に注意して両手を下ろす

コレが できる! 腰のスウェイを入れたステップを加えて、女性らしさを表現できる。

**手の動きだけでなく
視線で美しい女性を演じる**

　ヴァヒネはハワイ語で「婦人」を意味する。美しい女性のボディラインを「私はセクシーでしょう」とアピールしながら表現するハンドモーション。

　手のひらを下にして両手を高くあげ、そのままゆっくり両手を腰のあたりまで下ろす。

　大切なのは視線。頭の上から胸前まで両手を下ろすときは自分の右側面の体に視線をもってくる。その後は視線を左に移す。**やや色っぽい表情とセクシーな動き**をこころがけよう。

効くツボ
1. **手首を使って下ろさない**
2. **顔の向きを途中で変える**
3. **視線でセクシーさを演出**

効くツボ 1

手のひらを下にして頭上から
手首は動かさずに下ろす

両 手を頭の上に高くあげる。手のひらは下に向
けた状態で両方の指先の間隔はつくかつかな
いかギリギリの位置を保つ。手首を動かさないよう
にしてヒジから先の部分を上からゆっくり下ろす。
このとき顔は右に向け、自分の右側面の体を見る。
腰を左右にスウェイすることも大切。

効くツボ 2

胸の前まで両手を下ろしたら
顔の向きと視線を左へ移す

胸 の前あたりまで両手を下ろしてきたら、右に
向いていた顔の向きを左に変える。今度は自
分の左側面の体を見る。頭の上から胸の前を通って
腰のあたりまで両手を下ろすときはスムーズにゆっ
たり流れるような動きをこころがける。手の動きと
視線と腰のスウェイでセクシーさを強調。

効くツボ 3

手の動きよりも目線が大切
視線でセクシーさを演じる

両 手のひらを下にして、頭の上から腰のあたり
までゆっくりと下ろすという動きとしては簡
単。だが両手のヒジや指先の高さをそろえるなど細
かい部分まで気を使うこと。そしてどちらかという
と手の動きよりも視線が大切。魅力的な女性を演じ
るために視線でセクシーさを演出して。

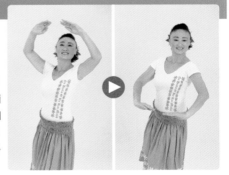

やってみよう
いろいろなステップで挑戦

カ ヴァヒネのハンドモーションをさまざまなス
テップでできるよう練習しよう。カオやカーホ
ロ、ヘラなどステップを変えてみると、同じハ
ンドモーションでも表現に違いがでてくる。

できないときはここをチェック

両手を上から下へ下ろしていくときに
手首を動かしていないか確認。手首
を動かすとカ ヴァヒネとは別の意味に
なってしまうので注意する。

「ホイ マイ」は
手のひらを上にして指先を上下させる

コレが
できる! 指先をゆっくり上下させることでやさしい女性の愛情を表現できる。

**愛する人を呼び寄せるため
やさしく手首と指先を動かす**

　ホイ マイはハワイ語で「こ
ちらへ来て」を意味する。

　愛する人に対し、自分のも
とへいらっしゃいと表現する。
このハンドモーションは恋人
同士が出てくる曲によく使わ
れる。

　ヒジを曲げた状態で斜め前
に**手のひらを上にして両手**
を出す。その状態のまま手首
と指先を自分のほうへと軽く
曲げ下ろして、おいでの動作
をする。

　やさしく手首と指先を動
かし、愛する人を呼び寄せ
る気持ちを込めよう。

効くツボ
1. そろえた指先は手首から動かす
2. 手首をさげてからあげる
3. 左右の手の動きはそろえる

効くツボ 1

指をそろえて手首を使って 「来て」の動きをする

右方向に両手を出す場合、右手はヒジを緩めた状態で斜め前に差し出す。左手はヒジを曲げた状態で胸の前あたりに置き、両手のひらは上に向ける。視線は伸ばした右手の指先に。手首を使って指先を上下させる。指先は内側に曲げ過ぎないで、そろえておくと動きが美しく見える。

 効くツボ 2

手首をさげてからあげると 動きがなめらかに見える

カーホロステップで右方向へ進む場合、両手を斜め左前に出す。手のひらは上に向け、左手はヒジを緩めた状態で伸ばし、右手はヒジを曲げて胸の前に置く。手首を使って指先を上下させるときは指先を自分のほうに向け、あげる前にいちど手首をさげるとなめらかな動きに見える。

効くツボ 3

指先の動きが左右で バラバラにならないこと

次に左方向にカーホロステップで進む場合は先ほどとは逆に、斜め右前に両手を出す。ヒジを緩めた状態で右手を伸ばし、左手はヒジを曲げて胸の前に。腰のスウェイとともに手首を使ってそろえた指先をしなやかに上下させる。指先の動きが左右でバラバラにならないよう注意する。

 **やってみよう**

両手を胸に前に添える

斜め前に出して、手首を使って指先を上下させたあと、そのまま正面を向いて両手を胸の前に添えると「私のところへ来て」と、より強い気持ちを表すハンドモーションとなる。

できないときはここをチェック

そろえた指先が手首を使ってなめらかに上下しているか確認。手のひらを上に波を描く状態となる。手首をやわらかく動かすように意識して。

ポイント No. 24

「アオレ」の表現は手首をやさしく返し、顔を動かす

 コレができる! 指先や手のひら、顔とそれぞれの向きに注意することで演技力も上達。

顔を横に振る動きも「いいえ」の表現に大切

ハワイ語で「イエス・はい」はアイ、「ノー・いいえ」はアオレとなる。アオレのハンドモーションでは「いいえ」という自分の意志を表現する。

左右の手のひらを内側に向けた状態で自分の前に差し出す。そのまま手のひらが額に触れる間際まで近づける。やさしく手首をひねって手のひらを内側から外側へと返しながら両手を広げる。手の動きとともに**顔を右から左へと横に動かすことも大切**なポイントだ。

効くツボ
1. 手のひらは湾曲させる
2. 手首で手のひらを返す
3. 右から左へ顔も動かす

58

効くツボ 1

湾曲させた手のひらを
額の近くまで移動させる

体の前で、右左の斜め前に両手を差し出す。ヒジは伸ばさずに緩めた状態。手のひらは卵をもっているようなイメージで湾曲させて上に向ける。視線は正面より斜め下に向ける。指先はそろえたまま、ヒジから先の部分をゆっくり動かし、左右の手のひらを額の近くまで移動させる。

 効くツボ 2

手首を使って内側から
外側へ手のひらを返す

左右の手のひらを額の近くまでもってきたとき、手のひらは自分の顔のほうを向いた状態。次に両方の手首を使って内側へひねり、そして手のひらを外側に向ける。手を額の近くまでもってくるときは顔は正面のやや斜め下を向いているが、手のひらを内側にひねると同時に右向きに。

 効くツボ 3

手の動きだけでなく
顔も右から左へと動かす

手首をひねり、内側から外側へと向けた手のひらをそのままゆっくり額からはなして前に差し出す。このときも手のひらは外側に向けたまま、顔は右向きから左向きに移動させる。指先は動かさず、動かすのは手首とヒジの部分のみ。ヒジの高さは常に一定を保つよう注意すること。

Let's やってみよう
片手だけで表現する場合も

額に両手をもってくる以外にも、曲によっては片手だけを額にもってきて、同じように手のひらを内側から外側へと返すハンドモーションもある。両手と片手のどちらも練習しておこう。

できないときはここをチェック

指先が常に上向きかどうか確認。手のひらを湾曲にした状態で、内側から外側へと手首をひねるときも指先は上に向けたままで行うこと。

「カ マナオ」は
手をこめかみに当て顔を傾ける

> **コレが
> できる!** 腕やヒジの位置を常に意識しておくことでバランスよく見える。

**考えごとをする表情ではなく
添える手と顔の傾きで表現**

　カ マナオはハワイ語で「考
える」や「思い出す」を意味
する。考えごとをしている様
子を表現するハンドモーショ
ン。

　片手をこめかみに当てる。
もう片方の手はヒジを曲げて
腕が床と水平となるようにし、
こめかみに当てた手のヒジの
下に指先を添える。考えてい
る様子を表現する動きだが、
表情はいつもの通り笑顔をこ
ころがけること。手の動きの
ほかに**顔を傾ける動きも加
えて表現**しよう。

効くツボ
1. 手のひらを外側に向ける
2. 片腕は床と水平にする
3. 顔を傾けるのも忘れずに

効くツボ 1

こめかみに当てる手は
手のひらを外側に向ける

右手のヒジを曲げて指先をこめかみに当てる。人さし指を強調させないように指先はそろえた状態。手のひらは卵をもっているように湾曲させて外側に向ける。左手のヒジを曲げ腕が床と水平になるように胸の前に置き、左手の指先に右手のヒジを添える。次に左右の手を逆にする。

効くツボ 2

胸の前に置いた手は
腕を床と水平にする

ハンドモーションにカオなどのステップを加える場合にも、まずは左手をこめかみに当て、右手は腕が床と水平になるように胸の前に。次に手を逆にして、右手をこめかみに当て、左手を胸の前に置く。腰を左右にスウェイするときも両手のヒジの高さは変わらないよう一定を保つこと。

効くツボ 3

こめかみに当てた手のほうへ
顔を傾けるのを忘れずに

こめかみに当てる手を顔の後ろへもってくると、手が隠れてしまうので注意。必ず手のひらを外側に向け指先はこめかみの横に添える。顔はこめかみに当てた手のほうへ傾ける。反対の手はワキをしめて曲げたヒジを張り、腕が床と水平になるようにする。どちらの指先もそろえておく。

 やってみよう

体を上下させながら行う

左右の手を変えてできるようになったら、体を上下させて行ってみる。右に進むときはこのままの高さで、左に進むときはヒザを深く曲げて低い位置で行うなど変化をつけてみよう。

できないときはここをチェック

両手の位置を確認。片手はこめかみに当て、もう片方の手は腕が床と水平になっていること。ステップを加えてもヒジの高さは一定を保って。

「プウヴァイ」は 両手で波を描き外側へ2回転させる

 コレが できる! 回転だけでなく上下にやさしく指先を動かすことで美しく表現できる。

指先ではなく両手首を しなやかに動かす

　プウヴァイはハワイ語で 「胸が痛む」を意味する。愛 する人を思って胸が痛む気持 ちを表現するハンドモーショ ン。

　左胸の前に右手を上、左手 を下にして、**手首をしなや かに動かし両手で波を描き ながら、外側へ2回転させ る。**次に上下の手を逆にし て右胸の前でも2回転させる。

　これらに加え、2回転のあ とに両手の握りこぶしを胸の 前で軽くたたくとより強い気 持ちを表現するハンドモー ションとなる。

効くツボ
1. 上下に置く手の距離に注意
2. 指先を上下させ両手を回転
3. こぶしをたたくと強い表現

効くツボ 1

上下の手は 10cm ほど離し、視線は手を置いた胸のほうへ

右 左のどちらの胸の前でも行うが、右胸の前のときは左手が上、右手が下、左胸の前のときは逆にする。曲げた両手のヒジは胸の高さに保つ。左右どちらの手も手のひらは卵をもつように湾曲させて下に向け、上下の手の間隔は 10cm ほど離す。視線は左右の手を置いたほうの胸に向ける。

効くツボ 2

指先を上下させながら両手を外側へ 2 回転させる

左 胸の前に右手を上、10cm ほど離した下に左手を重ねる。手のひらは下向き。手首をしなやかに使って波を描くように指先を上下させ、両手をゆっくり外側へ回す。回している間ヒジの位置がさがらないよう注意。2 回転させたあとは右胸の前で左手を上、右手を下にして 2 回転させる。

効くツボ 3

上下のこぶしをたたくとより強い表現となる

左 右それぞれの胸の前で両手を 2 回転させるだけでもプウヴァイのハンドモーションは完成するが、胸が痛む気持ちをより強く表す場合には、2 回転させたあとに両手を軽く握ってこぶしをつくる。そして胸の上にあるこぶしを下のこぶしと軽くたたくことでより強い表現となる。

🖐 やってみよう

指先や手首を柔軟にする

上下に置いた手の指先の動きは、カーホロフラ（P18）の手の動きと同じ。指先や手首をしなやかに動かすことはどんな動きにおいても大切。日頃から指先や手首を柔軟にしておこう。

できないときはここをチェック

両手を回転させるときに指先も上下にしなやかに動いているか確認。まずは指先で上下に波を描く練習をしてから、次に両手を回してみよう。

「ハイナ」は指先を
そろえると腕を広げる動きが優雅になる

 **コレが
できる!** 口の前に置いた手をゆっくり動かし、腕を広げる動きが美しくできる。

**物語を踊るときにかかせない
ハンドモーション**

　かつて文字がなかった古代
ハワイ。文字のかわりに、フ
ラによって神話や伝説などさ
まざまな物語を人々に伝えて
いた。

　ハイナは「この曲はこうい
う内容を物語っています」と
いう意味を表現するハンド
モーション。曲の最後に出て
くることが多い。口の前に
もってきた手を、まるで口
から言葉が出ているような
イメージで、口の前からそ
の手をゆっくりはなす。語
り部になった気持ちで優雅に
ゆったりと表現しよう。

効くツボ
1. **動かす指先はそろえる**
2. **広げたときの手のひらは上**
3. **最後に両腕は広げた状態**

効くツボ **1**

指先をそろえた右手を口前から少しずつ右斜め前に移動する

左手はヒジを曲げた状態で腰に置き、右手の指先はそろえて口の近くに置く。このときの視線は右斜め前を見る。腰をスウェイさせながら、口の近くに置いた右手をゆっくりと右斜め前へと移動させる。右手を動かすときも指先はそろえたまま。視線は動いている右手の指先に向ける。

効くツボ **2**

手のひらを上にして右の腕を広げる

口の近くに置いた右手をゆっくり右斜め前へと移動させる。そのまま右の腕を広げるようにして曲げていたヒジを伸ばす。手のひらは上を向いた状態で、卵をもっているように少し湾曲させる。右手を広げたらそのままにして、顔を左に向け、左手を口の近くに置く。視線は左斜め前に。

効くツボ **3**

左手も口の前から移動させ最後は両腕を広げた状態

右手のときと同様に指先はそろえたまま、左手をゆっくり左斜め前に移動させる。そのまま左に腕を広げるようにして曲げていたヒジを伸ばす。手のひらは上向きに。先に伸ばしている右の腕が途中でさがってしまわないよう注意。最終的には両手が同じ高さで広げた状態になる。

やってみよう
両手を同時に動かしてみる
右手と左手と、それぞれ片方ずつ口の近くに置いた手を広げていく以外に、この同じ動きを両手で同時に行うハンドモーションもある。その場合は視線は右手のほうに向けること。

できないときはここをチェック
口の近くに置いた状態からヒジを伸ばすまで手の動きがスムーズになっているか確認。指は動かさず、ヒジから手首の部分を動かしていこう。

笑顔で踊る

感動のフラを踊るためには 笑顔が必要条件になる

ハワイ語で「ミノアカ」は笑顔のこと。
フラを踊るうえでは笑顔が基本。
さあ、踊りを始める前にまずはミノアカ!

1 観客を幸せにする

歌は聞かせるもの、フラは見せるもの。観客は感動を求めてフラを見に来る。白い歯を見せて思いっきりの笑顔で踊ることで、観客は幸せな気持ちになる。

2 上手な人は白い歯を見せている

超一流といわれる踊り手たちのビデオを見ると、全員が白い歯をいっぱい見せて笑顔で踊っているのがわかる。これが本物のフラなのだ。

3 ステージにあがる前からスマイル

本場ハワイのコンペティションではステージにあがる数分前から、チーム全員が白い歯を見せてスマイルする。踊りよりも先に笑顔は始まる。

4 日常生活でもスマイルの習慣を

いきなり白い歯を見せるのには、はじめは抵抗もあり簡単にはできない。練習のときから白い歯を見せて踊る習慣を。日常生活でもスマイルをこころがけて。

5 本物の笑顔

練習を重ねていくうちに自然に本物のスマイルができるようになる。笑顔で踊ると自分が幸せな気持ちになり、その波動が見ている人に伝わる。

島ごとに決められた色と植物がある

フラを踊るために、笑顔のほかに欠かせないのが独特の衣装。練習のときはパーウースカートなどだが、発表会や正式な場では、踊る曲が作曲された島の衣装にあわせる。ハワイ8島にはそれぞれのシンボルとなる色と植物が決まっている。例えば、ハワイ島は「赤色」と「レフア」という植物、カウアイ島は「紫色」と「モキハナ」、オアフ島は「黄色」と「イリマ」など。オアフの曲を踊るときは黄色の衣装を着てイリマのレイをつけるといった具合に、島の色にあわせた衣装を着たり、レイで表す場合もある。これらを知っておくと、いちだんとフラの世界が楽しくなる。

愛をささやく鳥のさえずりを表現

カ ピリナ

指先や腕の動きが重要なポイントとなる、カ ピリナ。
歌詞の意味を理解することはもちろんのこと、
恋人たちの恋愛模様を優雅に、
そしてときにはセクシーに踊ろう。

ポイント No.28
指先をゆっくり上下させて鳥のさえずりを表現する

💡 **コレができる！** 手の動きを曲にあわせてゆっくり動かすことで優雅に見える。

やさしく鳥がさえずるのを右手を使って表現する

カ ピリナの1番の出だし部分「オイオイオ カ エレパイオ」のフレーズでは、エレパイオという鳥のさえずりを全身を使って表現する。

右手で鳥のくちばしをつくり斜め45度前方に向けて、親指と4本の指を3回上下させて右手を移動。このときゆっくりと**体を低い姿勢にする**。

次に鳥が羽を広げるように**両手を広げてウヴェヘ**（P32）を1回。手の動きや指先に注意して表現しよう。

効くツボ
1. 右手で鳥のくちばしを表現
2. 手を広げるときはヒジから
3. ウヴェヘで正面を向く

効くツボ 1

右手で鳥のくちばしをつくり
右斜め45度の方向に前進

右 手の親指と4本の指を重ね、口の近くに置く。左手は斜め後ろ45度の方向へ伸ばす。右手の親指と4本の指を上下に3回動かしながら、右斜め前45度の方向へ手を伸ばす。目線は右手の先へ。このときにカーホロステップ（P16）で4拍進みつつ、ヒザを深く曲げて姿勢を低くする。

効くツボ 2

両ヒジからもちあげて
羽を広げるように手を広げる

右 斜め前45度の方向へカーホロステップで4拍進んだら、今度は元の位置にもどる。カーホロステップを4拍で斜め後ろへさがり、そのときに鳥が羽を広げるイメージで両手をヒジからもちあげる。目線を左ヒジの先のほうに向けてそのまま両手を広げ、体はまだ右斜め前45度の向き。

効くツボ 3

右斜め前向きでウヴェへを
1回したら正面向きに

後 ろにさがりながら、ヒジからもちあげて広げた両手をまっすぐ伸ばす。体は正面を向いたまま右足をあげて、すぐにさげる。両足のカカトをあげ、両ヒザを斜め前に突き出し、すぐに閉じるウヴェへのステップ。1回したあとは次の動作に入るために左45度の方向へ体を向ける。

やってみよう
ウヴェへを連続してみる
ここでは右斜め45度の向きで右足をあげさげしてウヴェへをするが、左斜め45度の向きでも左足をあげさげしてウヴェへをできるように、右向き、左向きと連続でやってみよう。

できないときはここをチェック
指先を常に美しくそろえているか確認。斜め後ろに伸ばした左手の指先や羽を広げるようにして両方に伸ばしていくときの指先にも注意する。

曲にあわせ
ゆったりと大きく腰を2回まわす

 コレができる! ヒザを深く曲げる意識をしておくと、腰の動きがなめらかになる。

**ヒザや足の動きに気をつけ、
なめらかに右手をさげる**

「イ ケ ク ル オ ケ アウ モエ」のフレーズの部分。前のフレーズの最後で右足をあげさげしてウヴェヘ（P32）を1回したあとからつながる。

左足をあげて下ろしてウヴェヘをしながら、正面を向いていた体を左斜め前45度に向ける。ウヴェヘをしながら手を上から胸の前に移動させるときに、**手の動きをやわらやくする**ことが大切なポイント。

次のアミ（P28）もヒザを深く曲げて腰を大きく回すこと。

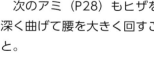 **効くツボ**
1. ウヴェヘで左斜め向きに
2. 両手の指先は触れる状態
3. アミではヒザを深く曲げる

効くツボ 1

ウヴェヘをしながら
体を左斜め前45度の向きに

右手は上に伸ばし、左手はヒジを曲げて手のひらを下にして胸の前に。視線は右手の先へ向ける。体を左斜め前45度にして左足をあげて、すぐにさげ、次に両足のカカトをあげて両ヒザを斜め前に突き出し、すぐ閉じるウヴェヘのステップを1回しながら、同時に右手を少しずつ下に移動。

効くツボ 2

右手を下ろして胸の前で
両手の指先が触れる状態に

ウヴェヘをしながら、上に伸ばしていた右手のひらを下に向けるように、ゆっくりスムーズな動きで内側へと移動させる。右手の先の視線を正面に向け、右手のヒジを曲げて胸の前に置いていた左手と同じ高さまで下ろす。このとき両方の指先が触れている状態になっている。

効くツボ 3

アミで腰を回すときは
ヒザを深く曲げる

体は左斜め前45度に向いた状態でアミのステップを2回する。腰を左にスウェイさせ、左後方から右、前を通って左へと円を描くようにぐるりと回して一周。これをもういちど繰り返す。ヒザをしっかりと深く曲げて、腰を大きくスムーズに回すこと。視線は左ヒジの先のほうに向ける。

やってみよう
ウヴェヘと手の動きを練習

ウヴェヘをしながら手を上から胸の前へとスムーズに移動させるのは難しい。動きがぎこちなくなりやすいので、ウヴェヘをしながら手を上から胸へと移動させる練習を何度もしよう。

できないときはここをチェック

アミで腰を回しているときに肩やヒジの高さがぶれていないか確認。アミのときに動かすのは腰から下のみ。肩やヒジを動かさないよう注意。

ヒジも指先も
床と水平になるよう、両手を美しく伸ばす

> 💡 **コレが できる!** 両手を伸ばすときは指先もまっすぐにしておくと、美しく見える。

やさしい動きから後半は 体全体を使い力強い動きに

「カニ アエ カ アパパネ」のフレーズの部分。アパパネは鳥の名前。まずは美しい声で鳴いているアパパネの声を聞いている表現からはじまる。

左耳のそばに両手をもっていき、軽く両手を3回たたく。右足、左足と順にヘラ（P14）のステップをしながら、肩に置いた両手を広く伸ばす。

難しいのが次の左足を軸に対角線上に体を移動させるとき。**後ろに伸ばした左手をさげないよう注意すること。**

効くツボ
1. 耳元でやさしくたたく
2. ヘラでは足裏を床につける
3. 両手は水平のまま回る

効くツボ 1

右足ヘラをしながら
左耳元でやさしく手をたたく

体は左斜め前45度に向いた状態。左耳の横に両手を移動させ、顔は正面よりやや左に傾ける。左足に体重を移動し、右足を斜め45度前に出すヘラのステップ。右足を出したときに左耳のそばに置いている両手をその場所でやさしく3回たたき、たたいたら右足を元の位置にもどす。

効くツボ 2

右足の次は左足ヘラ
足裏全体を床につける

次に体の向きはそのままで、両手の指先を肩に置く。ヒジはしっかり曲げて脇は閉じておく。左足を斜め45度前に出し、今度は左足でヘラのステップ。ヘラで前に差し出す足は足裏全体を床につけること。出した左足をもどすときは右足に軽くつけて元の位置へ。

効くツボ 3

左足を軸にして回る
両手は水平にまっすぐ伸ばす

手のひらを下に向け水平に伸ばす。左足を軸に、右足を左斜め45度前に1歩出し右手は右足の方向、左手は後ろへ伸ばす。右足を左足につけてもどしたあと、左回りで今度は正面から左斜め45度後ろに右足を出す。右手が前、左手が後ろの状態に。さらに正面右45度に3回目の動作を行う。

☞やってみよう
逆の対角線でも練習しよう

両手を床と水平になるよう伸ばした状態で、左足を軸に斜め左後ろ、斜め右前と右足と右手を差し出すことができたら、斜め右後ろ、斜め左前と逆の対角線でも回る練習してみよう。

できないときはここをチェック

右手を前に、左手を後ろに伸ばしたとき、床と水平にまっすぐ伸びているか確認。方向を変えるときも高さを保ち、左手がさがらないよう注意する。

視線は常に
動かすほうの手の指先を追う

> **コレが
> できる!** 手の動きに視線をあわせることで、女性らしくやわらかい表現になる。

**胸から口元へ両手を広げる
左右の手の動きをなめらかに**

「メ コナ レオ ナヘナヘ」
のフレーズの部分。ここでは
オーステップ（P20）を変形
させたステップで右足を1歩
出すところからはじまる。

まずは右足を斜め45度左
前に出す。右手を胸に当てて
ゆっくり口元に移動。そして
右手の**ヒジから先を横に広
げる**。

右足を元の位置にもどした
ら左方向へカーホロステップ。
このとき今度は左手を胸から
口元へ、そして横に広げる。
最終的に両手を伸ばした状態
になる。

効くツボ
1. **右足は左斜め45度に出す**
2. **右足をもどし右手を広げる**
3. **左へ進みながら手を広げる**

効くツボ 1

左斜め 45 度に右足を出し
右手を胸から口元へ移動

基本のオーステップは体が 90 度真横に向くように足を出すが、この場合は左斜め 45 度の方向に右足を出す。体重を右足に移動させ、前に伸ばしていた右手のひらをヒジを曲げて胸に当てる。左手は後ろ斜め 45 度に伸ばしたまま。そして胸に当てた右手をゆっくりと口元に移動させる。

効くツボ 2

右足をもどすと同時に
右手を右に広げる

左斜め 45 度の方向に出した右足を元の位置にもどし両足をそろえる。口元に当てた右手を右に広げ、肩の高さでヒジを伸ばして手のひらを上に向ける。視線は広げる右手の先を追い、このとき体は前向きの状態。次に伸ばした左手のヒジを曲げ、手のひらを胸に当てる。視線は正面に。

効くツボ 3

左へ進みながら
左手を左に広げる

カーホロステップで左へ進む。腰を十分に右へスウェイさせ、体重を右足にかける。左足を 1 歩横に出し、体重を移動させてから右足を左足にそろえる。同様にしてもう 1 歩左へ進む。左手は胸から口元へ移動させ、手のひらを上にした状態で左へ広げる。視線は左手の指先を追う。

☞やってみよう

右斜めへのステップも練習

ここでは左斜め 45 度の方向に右足を出すだけだったが、右斜め 45 度の方向に左足を出す変形オーステップも練習してみよう。できるようになったらハンドモーションもつけてみて。

できないときはここをチェック

片手を動かしているとき、もう片方の手も意識すること。手のひらを下向きから上向きにするなどの細かいところもしっかり覚えておこう。

ポイント
No. 32

手の動きとともに
体の方向転換もスムーズに行う

💡 **コレが
できる!** ステップのときはヒザを十分に曲げておくと方向転換がスムーズになる。

**指先の動きまで注意して
熱い気持ちを表現する**

　1番の最後となる「オ カ
ピ リ ナ ア カ ー ウ ア」のフ
レーズは2回繰り返す。この
部分は2番の最後でも登場す
る。

　「ピリナ」はハワイ語で「一
緒、1つになる」の意味。あ
なたと私、2人はいつまでも
一緒という気持ちを熱く表現
しよう。

　両手を前に差し出し、そ
して胸に移動させるときは、
手首をなめらかに使うこと。

　また「2人」と表すのに立
てた2本の指は、**指と指を
必ずつけておく。**

効くツボ
1. **手のひらを返して内向きに**
2. **カオステップで方向転換**
3. **立てた2本の指はつける**

効くツボ 1

手のひらを外側に返してから
指先をあわせて内側に向ける

肩の高さまであげた状態で左斜め 45 度の方向に両手を差し出し、カーホロステップ（P16）で左斜めを向きながら後ろにさがる。差し出していた両手の手首をやわらかく使い、手のひらを外向きに返す。そのあと両手の指先が触れるように手のひらを内側に向け、視線は両手の指先に。

効くツボ 2

両手を胸の前に引き寄せつつ
カオステップで斜め右向きに

カーホロステップで後ろにさがるとき、手のひらが内側を向いている両手を胸の前まで引き寄せる。そして次にカオステップ（P12）。腰を右にスウェイして右足に体重移動、腰を左にスウェイして左足に体重移動させ、体を右斜め 45 度の向きにする。両ヒジはしっかり張ったまま。

効くツボ 3

伸ばした右手の 2 本の指は
ぴったりとつけたままで

右斜め 45 度を向いた状態で、人さし指と中指の 2 本を立てた右手を前に出す。このとき 2 本の指先は離さずにつけておくこと。右手を元の位置にもどし、カオステップで左斜め 45 度の向きに。同じフレーズの 2 回目は左右が逆となって同様に繰り返し、最後は右斜め 45 度の向きになる。

やってみよう

カオをしながら方向転換

カオステップをしながら方向転換するのはなかなか難しい。右斜め 45 度を向いて2回、次に方向を変えて左斜め 45 度を向いて2回、とスムーズに方向が変えられる練習をしてみよう。

できないときはここをチェック ✓

カオステップをしながら方向転換ができているか確認。体重移動のときにヒザを深く曲げて腰のスウェイを十分に行うよう意識すること。

間奏中も肩の高さに
手をあげ、軽やかに2つのステップを

 コレが できる! おへその向きを意識しておくとインヴァートステップが美しくできる。

**ハンドモーションは簡単だが
ステップの切り替えに注意**

　曲の1番と2番などのあい
だの間奏部分を「ヴァンプ」
と呼び、即興を意味する。

　本書ではまずインヴァート
ステップ（P26）で右方向に
半円を描きながら進む。こ
のとき右手は伸ばし左手はヒ
ジを曲げ、胸の前に置いた状
態に。右方向へ進んだら、両
手の向きを逆に変えてそのま
まカーホロステップ（P16）
で左方向へと進む。カ ピリ
ナの曲では1番がもういちど
繰り返される。**最初からこ
こまでを再度踊って2番へ。**

効くツボ
1. **両手は常に肩の高さに保つ**
2. **動かすのはヒジから先だけ**
3. **肩が上下しないよう注意**

効くツボ 1

両手を肩の高さまであげて
右方向へインヴァートで進む

両手を肩の高さまであげ、右手は右にまっすぐ伸ばし、左手はヒジを曲げて胸の前に。両手のひらは下向きに、インヴァートステップで右方向へ半円を描きながら移動する。右足を斜め後ろ45度に出すのが1拍目。次に左、右と足を出して、4拍目の左足が右足の横にそろった状態にする。

効くツボ 2

両手の方向を変えるときは
ヒジから先だけを動かす

インヴァートステップで右方向へ移動したら、伸ばしていた右手をヒジから先だけ動かして手のひらを下に向け、胸の前に置く。ヒジを曲げて胸の前に置いていた左手もヒジから先を動かして左へ手を広げ、左に向けて指先まで伸ばす。常に視線は進行方向に伸ばした手の先に向ける。

効くツボ 3

カーホロで左へ進むときは
肩が上下に動かないよう注意

カーホロステップで左方向へ移動する。左へ進むときは腰を右に十分スウェイさせ、右足に体重をかけた後に左足を横に1歩出す。左に腰をスウェイさせ左足に体重を移動させたら右足を左足の横に。再び左足を1歩出し、そして右足を横にそろえる。進むとき肩が上下しないよう注意を。

☞やってみよう
インヴァートで逆へも進む

ここでは右方向に進むインヴァートステップのみだが、反対の左方向にも半円を描きながら進む練習をしてみよう。左方向へ進むときは、まず左足を斜め後ろ45度に出すところからはじまる。

できないときはここをチェック

インヴァートのステップがきちんとできているか確認する。半円を描きながら進むとき、おへそは常に斜め45度を向いていること。

曲げる、伸ばすの
メリハリをつけ下から上へ移動させる

コレが できる！ 両手を移動させる表現にメリハリをつけ、美しく見せることができる。

**顔が下を向き過ぎないよう
顔の角度と目線に注意**

　2番の最初「ロヘ イア ケ
アオ」のフレーズの部分。「鳥
の歌声が聞こえる」を表現す
るのに右手を右耳に当てる。
そのとき**右手のヒジをまっ
すぐあげる**こと。

　目線は左斜め 45 度の方向
で、斜め 45 度下に差し出し
た左手先より、やや前を見る。
指先を見ると顔が下を向き過
ぎてしまうので顔の角度と目
線に注意。

　ステップは右足でのレレ
ウヴェヘ（P34）と左へ進む
カーホロ（P16）の 2 種類だ。

効くツボ
1. **右ヒジの位置に注意**
2. **左手をあげたらウヴェヘ**
3. **両手は肩の高さで広げる**

効くツボ 1

右ヒジから左の指先まで
一直線を描くよう伸ばす

右手の指先を右耳に当て、ヒジは上にあげる。左手は手のひらを上にして左斜め45度前、斜め45度下の方向にしっかり伸ばす。右手のヒジから左手の指先まで一直線を描くように意識を。右足は横に1歩出し、左足は斜め45度にヘラステップする。と同時に左手を斜め45度上にあげる。

効くツボ 2

左手を斜め45度上へ
手をあげたままウヴェヘ

左手は斜め45度上にあげ、右手は右耳に指先をあてた状態。ヒジを肩の高さで張ったままウヴェヘのステップに入る。斜め45度前に出し、足裏まで床につけた状態の左足を右足の横にそろえ元の位置にもどす。両足のカカトをあげ、両ヒザを斜め前に突き出すように開き、元にもどす。

効くツボ 3

両手を肩の高さで広げ
カーホロで左へ進む

ウヴェヘを1回したあと右耳にあてていた右手のヒジを伸ばし、手のひらを上に向けて肩の高さまで移動させる。斜め45度上にあげていた左手も肩の高さまで下ろす。両手が肩の高さで広げた状態になり、このときのステップはカーホロで左へ進む。目線は進行方向の左に向ける。

やってみよう
反対にも挑戦しよう
ここでは右足を横に出してから左足を斜め45度にヘラステップをし、そして左足をもどしてウヴェヘをするパターンだったが、練習のときはその反対にも挑戦してみよう。

できないときはここをチェック
右耳に指先をあてているときの右手のヒジの位置を確認。常に右の腕は張った状態のままで、ヒジがさがらないよう気をつけること。

手のひらの向きを
変えるときは手首をやさしく使う

コレが
できる! **手首をやわらかく使うことで指先の動きがやさしく見える効果がある。**

手のひらの向きを変えるには
手首をやわらかく使う

　「ヘ メレ コ イイヴィママ ポーレナ」のフレーズ。ここでもイイヴィポーレナという鳥の名前が登場する。

　まず両手を口元に移動させ、鳥のくちばしを表現する。そのときに**顔が隠れないよう両手はあごの下へ。**

　鳥の羽を表現するために肩へ指先を乗せるときは、腕を肩に寄せ、手首で指先を下に向けて肩の上に置くようにする。手のひらを上向きから下向きに変えるときも手首を使うこと。

効くツボ
1. **両手はそろえてあご下に置く**
2. **進むとき視線は進行方向に**
3. **手首を使って手のひらを下に**

効くツボ 1

そろえて差し出した両手の
ヒジを曲げてあごの下に

左 斜め45度の方向に手のひらを上にして両手をそろえ差し出す。そして左方向にカーホロステップし、両手をそろえたまま、ヒジを曲げてあごの下まで移動させる。目線は両手の先に向け、ここで変形オーステップ。両手を前に伸ばしたときは右足を左斜め45度に出し、右足を元の位置に。

効くツボ 2

正面に両手を広げ、
顔は進行方向に向けておく

変 形オーステップで斜め前に出した右足を元の位置にもどしたとき体は正面を向く。あごの下に置いていた両手は肩に乗せ、右へカーホロしながら手を広げるが、手のひらは上に向けたまま。右方向へカーホロステップを2回して進み、視線は進行方向の右に向けておく。

効くツボ 3

手のひらを下向きにするには
手首をひねるように動かす

右 カーホロステップの4拍目では、広げているときの手のひらは上を向いた状態。さらに右カーホロステップで進みながら手首をひねるように動かし、4拍目には手のひらを下に向けた状態にする。両ヒジをしっかり伸ばして、両腕が途中でさがらないよう注意しよう。

やってみよう
体を上下させてカーホロ

ここでは8拍のカーホロのステップで一定の高さを保ち進んだが、進みながら体をアップダウンさせる練習もしよう。1、2拍目はそのまま、3、4拍目はヒザをより深く曲げる、を繰り返す。

できないときはここをチェック

右足のオーステップから正面を向き、カーホロステップで右に進むときは腰のスウェイと重心移動に注意しながらテンポよく切り替えそう。

ポイント No.36
手の動きと
視線の向きでセクシーさを演出

コレができる! 視線の向きが違うだけで印象が変わってくることを意識して踊れる。

**左斜め後ろにさがりながら
ヴァヒネを表現する**

　「エイア アエ カ ヴァヒネ」のフレーズ。この部分ではヴァヒネ（P54）のハンドモーションが登場する。**視線に気をつけてセクシーな大人の女性を表現**しよう。

　右斜め 45 度前に左手を出し、左足も右斜め 45 度に出す。オーステップ（P20）を45 度にした変形版。左足を元の位置にもどしながら左右の手を広げる。

　次にカーホロステップ（P16）で左斜め後ろに移動しながらセクシーにヴァヒネを演じよう。

効くツボ
1. **手のひらの向きに注意**
2. **視線は左右交互に向ける**
3. **指先をあわせて下ろす**

効くツボ 1

手首を使って左の手のひらを
下向きから上向きへ

右手は腰かスカートをもち、左手のひらを下にして右斜め45度に出す。視線は左手の指先に向け、オーステップの変形で左足を右斜め45度前に出す。左足を元の位置にもどしながら手首を使って手のひらを上にして左手を左に広げる。カーホロステップで左に進みながら右手も右に広げる。

効くツボ 2

胸の前に両手を下ろすとき
視線は体の左側面に向ける

左右に広げた両手を手のひらを下に向けて頭の上へ移動させる。左斜め45度後ろにカーホロステップでさがりながら、ヴァヒネのハンドモーションをする。カーホロステップの4拍のうち、1、2拍目で頭の上から胸の前に両手を下ろすあいだは、視線を自分の体の左側面に向ける。

効くツボ 3

頭の上から下ろす両手は
指先をあわせておく

カーホロステップの4拍のうち、1、2拍目で頭の上から胸のあたりまで下ろしてきたら、体の左側に向けていた視線を今度は3、4拍で体の右側に向ける。セクシーさを表現するには視線が重要だ。頭の上から指先をあわせて下ろしてきた両手は、おへその下あたりまでさげていく。

☞やってみよう
手のひらを返す練習を

右手のひらを下にして斜め左前に出し、手首をひねって手のひらを上にさせながら右に移動。同様にして左手を右斜め前から左へと手首を使って、手のひらをスムーズに返す練習をしよう。

できないときはここをチェック

ヴァヒネの表現をするときは視線だけでなく、十分な腰のスウェイも大切。女性の美しい体の線を強調させるようにして表現しよう。

ポイント No. **37**

半円を描くステップと
やわらかな手の動きで表現する

> **コレが**
> **できる!** 基本のステップをしっかり覚えておくことで手の表現に余裕ができる。

**ここまで終わったら
サビの部分を繰り返す**

「ハリハリ イア マイ エ
ナー マヌ」のフレーズ。こ
こで出てくるハリハリとはハ
ワイ語で「集める」の意味。

ステップはインヴァート
（P26）のみ。**広げた両手首
を使い両手でかき集める動
き**を３回しながら右方向へ。
次に指先を肩に置き、両手で
鳥が羽を広げるようにして左
右に広げながら左方向へ。

ここまで終わったら、再び
サビの部分（P76）を２回繰
り返し踊る。

効くツボ
1. 手首を使ってかき集める
2. 左に進むとき指先は肩に
3. 最後は両手を大きく広げる

効くツボ 1

手首を使って胸の前で
かき集める動きをする

インヴァートステップで右方向へ進む。4拍で進み、右足を斜め45度後ろに出すのが1拍目。2拍目が左足、3拍目が右足と半円を描くように進める。同時に左右に広げた両手は、ヒジを曲げて手首を使い、両手のひらを胸の前で3回前後に動かし、かき集める動きを表現する。

効くツボ 2

左へ進むときの最初は
両手の指先を肩に乗せる

右方向に進む最後の4拍は右足に左足をそろえる。このとき体は斜め左45度を向いた状態。視線はここまでは右手に向ける。次に胸の前で動かしていた両手の指先を肩に置き、インヴァートステップで左方向へ進む。右方向のときとは逆に、最初は左足を斜め45度後ろに出す。

効くツボ 3

最後は両手を左右に
大きく広げる

左、右、左と半円を描くように進み、左足に右足をそろえるのが4拍目。体は斜め右45度を向いた状態になり、同時に肩に指先を置いた両手を少しずつ広げ、最後は手のひらを下にして左右に大きく広げる。視線は左手に。ここまでできたら再びサビ(P76)の動きに入る。

やってみよう
いろいろな手の動きに挑戦
インヴァートステップをしながらハンドモーションを同時に行うのはなかなか難しい。ここで表現した以外にも途中で手首を使って手のひらの上下を変えるなど、いろいろ挑戦してみよう。

できないときはここをチェック
両手でかき集める動作のときに、ヒジの位置を確認。ヒジの高さは一定を保ち、手首を使ってヒジから先だけを動かすようにしよう。

知っているとひとつトクする
ハワイ語のおもしろさ

奥深い意味も含まれているハワイ語
フラを踊るうえでハワイ語も理解しよう

英語とともに学校でも教えられているハワイ語。
本来の意味や身近なハワイ語を知っておくと、
フラがよりいっそうおもしろくなる。

1 **有名な地名にはこんな意味がある**
Honolulu はハワイ語で「hono」が湾、「lulu」はおだやかで「おだやかな湾」。
Waikīkī は「wai」が水、「kīkī」はあふれるで、「水があふれ出るところ」。

2 **'Ukulele も 2 つの言葉から**
'Ukulele を指先で軽快につまびくところが、ノミが跳ねているように見えることから、
「'uku」はノミ、「lele」は跳ねる意味で、'Ukulele と呼ばれるように。

3 **教室にまつわる言葉**
「Hālau」は教室。「Kumu」は先生。Hula Hālau でフラ教室、Kumu Hula でフラの先
生となる。Haumana は生徒のこと。

4 **役に立つ挨拶の言葉**
「Mahalo」はありがとう。「Pehea 'oe?」はお元気ですか?「maika 'i」は元気です。
「E kala mai ia'u」はごめんなさいという意味。

5 **レッスンにまつわる言葉**
「Ai ha 'a」は背筋を伸ばしてヒザを曲げる。「i mua」は前へ、「i hope」は後ろへ。
「i luna」は上へ、「i lalo」は下へ。「Huli」はターン。

ハワイ語はアルファベットが 12 文字のみ

ハワイ語は「a・e・i・o・u」の5つの母音と「h・k・l・m・n・p・w」の7つの子音から成り立っている。そして発音記号が2種類。日本語の「っ」のように切って発音する「'（オキナ）」とのばして発音する「¯（カハコー）」がある。アルファベットに比べるとたった12文字といった少ない文字でも

ハワイ語は表現できている。古代ハワイで使用されていたハワイ語だが1894年ハワイ共和国設立と同時に使用を禁じられ、英語が公用語になった時期も。1959年アメリカの州として認められてから英語とともに再び使用できるようになったという歴史がある。

PART 3

ウルパラクア牧場の情景と
カウボーイたちを軽快に表現

ウルパラクア

カウボーイたちの感情やウルパラクアの情景を表す
ハンドモーションは丁寧に、ステップは軽快に踏もう。
ステージでは少々大げさに表現してちょうど良い。

ポイント No. 38
手のひらの向きを変えて
軽快にオーステップする

💡 **コレが
できる!** 歌の意味をよく理解しておくことで、細かい表現もできるようになる。

**軽やかなオーステップで
左右に手を伸ばす**

　1番の出だしは「カウラナ
マイ ネイ」のフレーズ。カ
ウラナはハワイ語で「有名な」
の意味。ネイは「ここは」を
示す。

　右足でオーステップ（P20）
して体を左向きに。このとき
左手は上に、右手は肩の高
さで体の前に伸ばす。右足を
もどしながら体を右斜め向き
にしたら、右手を上、左手を
斜め45度下に出して左足で
オーステップ。

　右手を前にしたときは上、
左手を出したときは下にして、
手のひらの向きに注意する。

効くツボ
1. **右手前のとき手のひらは上**
2. **左手前のとき手のひらは下**
3. **顔は下を向き過ぎない**

効くツボ 1

肩の高さで前に伸ばした
右手のひらは上にする

正 面向きからオーステップで体が 90 度左向きになるよう右足を出す。左手は指先を上にしてまっすぐあげる。右手は手のひらを上向きにして、肩の高さで体の前にまっすぐ伸ばす。視線は右手の先のほうに向け、左足にかけていた体重を右足に移動。このとき左足のカカトはあがる。

 効くツボ 2

左手を斜め下に出したときは
手のひらを下向きにする

両 手はそのままの状態で、前に伸ばした右手を前方から右方向へ移動させる。左足をもどし体は正面向きに。左から右へと右手を移動させるとき途中で腕がさがらないよう注意。今度は右手を上に伸ばし、左手は体の前斜め 45 度下に出す。手のひらは下向き、左足でオーステップする。

 効くツボ 3

顔が下を向き過ぎないよう
意識してやや上を見る

左 足でオーステップして体を右向きにしたら左足を元の位置にもどしつつ、左手を前方から左方向へと移動させる。体は正面向きになる。このとき視線も左手の動きにあわせて移動していくが、指先に向けると顔が下向きになり表情が暗くなってしまう。指先よりやや高い位置を見ること。

やってみよう

カーホロステップで練習も

ここでは片手を上に、もう片方の手を体の前に出して左右にオーステップをしたが、カーホロ（P16）で前後にステップする練習もしてみよう。前に進んだら手を逆にして左足から後ろに。

できないときはここをチェック

手のひらを高い位置で上に向けるのは称える意味を込めていて、斜め下の位置で下に向けるのは場所を表している。くれぐれも注意しよう。

両手の位置を平行に、カーホロステップで前後する

> 💡 **コレが できる!** 体重移動のときは腰のスウェイを十分行うと動きがスムーズになる。

**前に進むときに左右の手を
きれいに平行に並べる**

「アオ ウルパラクア」のフ
レーズ。曲名にもなっている
「ウルパラクア」は牧場の名前。
　右手を右斜め45度の位置
で上から斜め45度にあげる。
左手はワキをしめてヒジを
曲げ、**右手と左手の位置を
平行にする**。これは「山々」
を表すハンドモーションにな
る。
　カーホロステップ（P16）
で前に4拍進み、後ろに4拍
さがる。さがるとき右手は肩
の高さで体の前に、左手は上
にまっすぐ伸ばすこと。

効くツボ
1. **前進のときは両手を平行に**
2. **後進は右手を前、左手を上**
3. **腰のスウェイを十分に行う**

効くツボ **1**

前進のときは左右の手を
平行にして右斜め上にあげる

右手を斜め上45度の位置でヒジを伸ばしてあげる。手のひらは下に向け、指先をそろえて伸ばす。左手はヒジを曲げワキはしめる。左手のひらは下に向け、伸ばした指先からヒジの部分が右手と平行になる位置を保つ。視線は右手の先に。このままカーホロステップで前に進む。

 効くツボ **2**

後ろにさがるときは
右手を前、左手を上に伸ばす

カーホロステップで前に進むときは右、左、右、最後に左足を右足にそろえて4拍とする。前に進んだら今度は左足から後ろにさがる。このとき右手は手のひらを上に向けて肩の高さで体の前へ伸ばす。左手は指先をそろえヒジを伸ばして上にあげる。1で左足、2で右足を後ろへ。

 効くツボ **3**

体重移動のときは1歩1歩、
腰のスウェイを必ず行う

3拍目が左足、その左足に右足をそろえるのが4拍目で、元の位置に。カーホロステップで前に進むときも後ろにさがるときも、ヒザをしっかり曲げ左右の足への体重移動とともに腰のスウェイも十分行う。後ろにさがるときの視線は右手の指先に向ける。ヒジが曲がらないよう注意を。

☞やってみよう

山々を表しながら左右移動

「山々」を表すハンドモーションをクワヒビという。ここではクワヒビをしてカーホロステップで前に移動したが、右手を上にして右へ、左手を上にして左へと左右の移動も練習しよう。

できないときはここをチェック

「山々」のハンドモーションのときに右手と左手が平行に並んでいるか確認。鏡の前に立って自分でチェックしたり、他の人に見てもらおう。

交互に腕をつまんで
夕方の冷たい空気を表す

 コレが できる! ハンドモーションをていねいに表現することで演技力がアップする。

鳥肌や夕方の表現を
両手をやさしく使って踊る

「ヘイ ニキニキ アヒアヒ」
のフレーズに出てくるアヒア
ヒはハワイ語で「夕方」の意味。

最初に左右の腕を片方ずつ
前に出して、指で軽くつまむ。
夕方の空気は鳥肌が立つほど
冷たいという意味で、このハ
ンドモーションは腕に鳥肌が
立っている状態を表現してい
る。

次は夕方を表すハンドモー
ション。両手を上に伸ばし、
肩幅より少し広く左右に広げ
る。**両手の角度は 45 度よ**
りやや高めにすること。

効くツボ
1. 腰は十分にスウェイする
2. 45 度より高く両手をあげる
3. 腕をつまむのは1回ずつ

効くツボ 1

腕を交互につまむとき
十分に腰のスウェイをする

カオ（P12）のステップで、右足に体重を移動させ腰は右にスウェイ。このとき、右手のひらを上向きにして前に出し、ヒジを軽く曲げる。左手で右手の腕を軽くつまみ次に左足に体重を移動。腰も左にスウェイ。左手のひらを上向きにして前に出し、右手で左手の腕を軽くつまむ。

 効くツボ 2

両手は 45 度より高く伸ばし
足をそろえたら左右に広げる

斜め上 45 度よりやや高い位置に両手をまっすぐ伸ばす。そろえた指先の小指同士がつくようにして、手のひらは上向きの状態。視線は手の先に。腰をスウェイさせながら右足を 1 歩前に、次に左足を右足の横にそろえる。左右の足をそろえたら、肩幅よりやや広く両手を左右に広げる。

 **効くツボ 3**

親指と人さし指を使って
腕を軽く1回ずつつまむ

腕に鳥肌が立った状態を表現するハンドモーションのとき、視線はつまんでいる腕の部分に向ける。伸ばしているほうの手はヒジを軽く曲げ、上に向けた手のひらは卵をもっているように湾曲させる。もう片方の親指と人さし指を使って、腕の皮膚を軽く 1 回つまむ。反対の腕も同様に。

☞やってみよう

カオを加えて練習しよう

右足を前に1歩、次に左足を出して両足をそろえる。このステップにカオを加えてみよう。右→左→両足をそろえたら、腰を右にスウェイ、左にスウェイ。スムーズにできるよう練習を。

できないときはここをチェック

カオステップのときに腰のスウェイが十分にできているか確認。右足、左足と体重移動するとともに、腰のスウェイも必ず行うこと。

馬に乗ったカウボーイは
左足で後ろに蹴り、お尻をたたく

 コレができる！ それぞれの表現に意味があるので、そろえる部分はきっちりそろえる。

**家路を急ぐカウボーイに
なった気分でテンポよく**

　1番の最後の部分。「カ ホ メ アオ パニオロ」のフレーズにでてくるホメは「家」を意味する。

　まずは両手で家の屋根を胸の前につくる。指はきれいにそろえ、**親指も人さし指の横にきっちりつけておくこと。**

　カーホロステップ（P16）でまず右へ。4拍目のときに左手で握りこぶしをつくって前へ、左足を後ろに蹴りあげて右手で自分のお尻をたたく。

　馬を走らせ、家路を急ぐカウボーイを軽快に表現しよう。

 効くツボ
1. 親指もそろえて屋根を表現
2. 蹴ると同時にお尻をたたく
3. 両手をそろえ前後に動かす

効くツボ 1

親指もきちんとそろえて
指先で三角屋根をつくる

胸の前で両手の指先をあわせ三角屋根をつくる。このとき指先はそろえ、親指はしっかり人さし指の横につける。カーホロステップで右に進み、右、左、右、そして4拍目の左足のステップのとき、握りこぶしをつくった左手を体の前に出す。右手は斜め後ろに伸ばし、目線は常に正面に。

効くツボ 2

左足を体の後ろに蹴りあげて
同時に右手でお尻をたたく

右へ進んだカーホロステップの最後のステップのとき、左足を思いきり体の後ろに蹴りあげる。左足の蹴りあげるステップと同時に斜め後ろに伸ばしていた右手でお尻をたたく。左足を右足の横に下ろしたらカーホロステップで左へ。右手も握りこぶしをつくり左手とそろえて前に。

効くツボ 3

両手を前後に動かして
軽快に走る馬を表現する

カーホロステップで左に進みながら、ハンドモーションでは馬の上で手綱をもっている状態を表現する。馬のお尻をたたき、走るのを急がせたので、馬が軽快なスピードで走っているかのように、体の前にそろえて出した両手のこぶしでヒジを曲げ伸ばししながら、前後に動かす。

☞やってみよう
右足でも蹴りあげてみる
ここではカーホロステップで右に進んだときに最後に左足で蹴りあげたが、反対の足でもできるよう練習しよう。左に進んだときは4拍目の最後のステップで右足を後ろに蹴りあげる。

できないときはここをチェック
左足を後ろに蹴りあげるときは動きを大きく。とくに舞台の上に立ったときは多少オーバーに動いたほうが見ている側からわかりやすい。

胸の前に両手を
移動させることで美しくレイを首にかける

 コレが できる! 真横、正面と体の向きのメリハリをつけると手の動きも美しくみえる。

**両手で首にレイをかける
ハンドモーションをする**

ここから 2 番に入る。「エ ウヴェヒ エ クウ レイ」のフ レーズに出てくるレイは、「愛 する人」を表現する意味もも つ。

頭の上にあげた両手を ゆっくりと胸の前まで下ろ す。レイをやさしく首にか けるハンドモーションで愛す る人の意味を表現する。

両手の動きにあわせ、体も 右向き、そして左向きに。最 終的には正面向きになる。

ここまでできたら、再び P92 のフレーズを繰り返す。

効くツボ
1. **右から左へ体と両手も移動**
2. **体が左向きのとき顔は正面に**
3. **両手は胸の前まで下ろす**

効くツボ **1**

右向きで両手を前に出し
両手をあげながら左向きに

正面向きから、体を右真横に向きを変える。右足を後ろにさげながら、両手のひらを上にして肩の高さで体の前にまっすぐ伸ばす。このとき視線は伸ばした両手の前方に。体の向きを右向きから正面を通って左向きに移動させ、体の移動にあわせて両手を少しずつあげていく。

 効くツボ **2**

体を左向きにしたら
顔は正面に向ける

右向きから正面を通って左向きへと体を移動させながら、両手も平行にそろえて頭の上に移動させる。このとき視線は両手の先に向け、両方の指先はきれいにそろえること。体が左真横を向いたとき両手がいちばん高い場所にくるようにし、両手の先に向けていた視線を正面に向ける。

 効くツボ **3**

頭の上から胸の前まで両手で
レイをかける表現をする

左足を後ろにさげ、同時に頭の上にあげた両手は手のひらを下にして指先が軽くふれるように両手をそろえて頭の後ろに下ろしてくる。頭の後ろまで下ろしたら両手をそれぞれ首の横、胸の前を通し胸の下で再び両手の指先をそろえる。手のひらは上向きに。体を正面向きにする。

☞やってみよう

別のステップでレイの練習

レイをかけるハンドモーションをカーホロステップ（P16）でもやってみよう。体の前に両手を出して4拍で右へ進んで両手を頭の上に。左へ4拍進みながら胸の前まで両手を移動させる。

できないときはここをチェック ✓

レイをかけるハンドモーションのとき、腰のスウェイや顔の向きにも注意。愛する人の意味もあるので美しい女性を表すように意識しよう。

花のいい香りを
思い描くと、表現に臨場感が出る

💡 **コレが
できる！** フラの基本は笑顔だが、表情で演技をするとより効果的になる。

**鼻から息を吸い、口からはいて
臨場感のある表現にする**

　「オナオナ メ カ アヴァプ
ヒ」のフレーズ。ここで出て
くるオナオナはハワイ語で
「いい香り」、アヴァプヒは「ジ
ンジャーの花」を示している。

　まずは香りをかぐハンド
モーションからはじめる。両
手の指をそろえ、鼻の両わ
きで指先を前後させる。**実
際に鼻から空気を吸い込み、
口からはき出すと、香りを
かぐ表現に臨場感がでる。**

　次のナープア（P52）のハ
ンドモーションでは両手でて
いねいに美しい花をつくるこ
と。

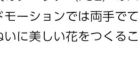

効くツボ
1. 鼻のわきで両手をそろえる
2. 左足をもどし花をつくる
3. 実際ににおいをかいでみる

効くツボ 1

鼻の両わきに両手をそろえ
右へ進んだら下へ下ろす

両手の指先をそろえて鼻の両わきを覆うように して置く。いい香りをかいでいるハンドモーションをしながらカーホロステップで右に進む。4拍右へ進んだら、ヘラ（P14）のステップで左足を斜め45度前に出す。このとき足裏全部を床につけ、両手は鼻のわきから下へ移動させる。

 効くツボ 2

出した左足をもどすと同時に
両手で花をつくる

次にナープアのハンドモーション。鼻のわきから左足を出している方向へと両手をさげる。このとき手のひらは下向きに。左ヒザは伸ばしたまま、右ヒザを十分に曲げ両手を下に押す。出していた左足を右足につけて元の位置にもどすと同時に両手首を内側にひねり、両手に花をつくる。

 効くツボ 3

香りをかぐしぐさのときは
実際に鼻で息を吸う

感動のフラを踊るには表現に臨場感をもたせると効果的。いい香りをかぐハンドモーションを表現するときには、頭の中に花のいい香りを思い描いて、指先を動かしながら実際に鼻で息を吸って口からはき出す。目をつぶり、表情からもいい香りで気持ちよくなっているのを表現する。

やってみよう
右足ヘラでもナープアを
ここでのナープアは、左足だけでヘラのステップをして両手で花をつくるが、右足でも同様にヘラのステップで足をもどし、両手で花をつくる練習をして左右交互にやってみよう。

できないときはここをチェック
両手で花をつくったとき、指先がきちんと上に向いているか確認。ナープアのハンドモーションをしっかり練習してきれいな花をつくろう。

視線を左右へ移動させ
腰のスウェイで美しい女性を表現

 **コレが
できる!** 腰のスウェイをなめらかにすることで、体のラインが強調される。

美しい女性の体のラインを強調するように表現する

　2番の最後「ヘ ナニ マオリ ノ」のフレーズ。ここで出てくるナニは「美しい」を意味している。美しい女性の体にもたとえて、女性の体のラインを強調しながら表現する。

　ハンドモーションはカヴァヒネ（P54）の動きとなる。両手を頭の上にあげ、手のひらを下にして両手をそろえて腰のあたりまで下ろしていく。

　両手の動きとともに体の左右へと視線を移動させるのが大切なポイント。

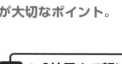
効くツボ
1. 2拍目まで顔は右向き
2. 両手が胸まできたら左向き
3. 十分に腰のスウェイをする

効くツボ 1

最初は顔を右向きにして
手のひらをそろえて下ろす

両手を頭の上に高くあげる。手のひらは下に向けた状態で両手の指先の間隔はつくかつかないかの位置を保つ。両方の手のひらをそろえてヒジから先の部分を使って上からゆっくり下ろす。顔は右に向け、自分の右側面の体を見る。ステップは右足を前に1歩。次に左足を出してそろえる。

 効くツボ 2

両手が胸の前にきたら
顔の向きを左に変える

カオ（P12）のステップで腰を左右にスウェイさせながら、4拍で両手を下ろす。両手を下ろすときはスムーズにゆったり流れるような動きをこころがける。1、2拍で両手が胸の前までできたら顔の向きを変え、自分の左側面の体を見る。3、4拍で腰のあたりまで両手を下ろす。

効くツボ 3

両ヒジと指先の高さや
視線の移動と腰の動きに注意

ハンドモーションとしてはとても単純。両手のひらを下にして、頭の上から腰のあたりまでゆっくり下ろすだけ。だが両手のヒジや指先の高さはそろえるなど細かい部分まで注意する。そして手の動きだけでなく、視線の移動も大切。カオステップでの左右への腰のスウェイも十分行う。

やってみよう
アミのステップでも挑戦

カヴァヒネのハンドモーションをアミ（P28）のステップでやってみよう。1、2拍目は顔を左向きに、3、4拍目は右に向ける。腰を回すステップなのでよりセクシーな表現になる。

できないときはここをチェック ☑

上から下へ両手を下ろす動きがスムーズにできているか確認。腰を左右にスウェイさせるときに手の動きが止まらないよう注意しよう。

キスの意味も込めて
口前からやさしく手を広げる

 **コレが
できる!** なめらかな動きになるよう意識することで、やさしい雰囲気になる。

やさしく語るイメージで
なめらかに手を動かす

　３番の最初の部分「ハイ
ナ マイ カ プアナ」にでてく
るハイナはハワイ語で「伝え
る」、プアナは「テーマ」や「物
語」などの意味を示す。

　ここでは「この曲はウルパ
ラクアの物語でした」と表現
する中の、ハイナ（P64）の
ハンドモーションを行う。

　口の前から手を片方ずつ横
に広げ、**投げキッスをする
ように手を動かす。**これに
はハワイ語でキスを示す「ホ
ニ」の意味も含まれている。

 効くツボ
1. 最初は右手を口の前に
2. 反対向きでは左手を口に
3. 視線は手の動きを追う

効くツボ 1

オーステップで左向きになり
右手を口から前に伸ばす

左手はヒジを曲げた状態でスカートをもつ。右手の指先をそろえ、口の近くに置く。オーステップ（P20）で右足を出し、体を90度左に向ける。左手はスカートをもったまま、口の近くに置いた右手をヒジから先だけを動かすようにしてゆっくりと口から離す。視線は右手の指先に向ける。

 効くツボ 2

体が右向きになったら
左手を口の前に

右足を元の位置にもどし、体を正面向きに。ヒジを伸ばした右手をゆっくり右斜め前へと移動させる。手のひらは上を向いた状態で、卵をもつように少し湾曲させる。次に左足でオーステップ。体を90度右向きにする。先ほどとは反対に左手を口の近くに、右手はスカートをもつ。

 効くツボ 3

常に視線は口から広げる
手の動きを追う

オーステップで前に出した左足を元の位置にもどしながら、右手のときと同様に左手を口の前からゆっくり離す。体を正面向きにしてもヒジを伸ばした左手はそのまま左に広げる。このときも手のひらは上向きに。視線は移動する左手の先を追い、右手はスカートをもった状態のまま。

🖙 やってみよう
両手のハイナをカーホロで
両手を口の近くから左右へ同時に広げるハイナのバリエーションもある。カーホロステップ（P16）で右に進みながら両手を口から左右に広げ、左の方向でも同様にしてやってみよう。

できないときはここをチェック
視線がしっかりと手の動きを追っているか確認。キスの意味も含まれているハンドモーションなので気持ちを込めて熱い視線も送るつもりで。

知っているとひとつトクする
ALOHA の意味

ALOHAが踊りに表現されたとき
「感動のフラ」になる

ALOHAの代表的な意味は「愛」。
だがそれ以外の意味も含まれており、
これらすべてがフラを踊る人に必要になる。

1 ### Akahai アカハイ　やさしさ
フラを踊るためには「やさしい心」が必要。身近な人はもちろん、
教室に見学に来た人や新しい仲間に対してもやさしく接してあげること。

2 ### Lōkahi　ローカヒ　調和
グループで踊るのに「調和」は大切。踊りの中でひとりが目立っても駄目。
みんなが同じ気持ちで心をひとつにして踊ること。

3 ### 'Olu 'olu オルオル　寛大さ
間違えた人を責めたりしない。人をゆるすという「寛大な心」も必要。
先生だって間違えたりすることもあるのだというのを忘れずに。

4 ### Ha 'aha 'a ハアハア　謙虚さ
フラをある程度続けてくると、なまけ心が出たり、うぬぼれてしまうこともある。初心を
忘れるべからず。始めた頃の「謙虚な気持ち」を大切に。

5 ### Ahonui アホヌイ　忍耐強さ
レッスンをする上で生徒同士やその他いろいろなトラブルが起こることもある。そのよう
なハードルを乗り越えて続けていく「忍耐強さ」が大切だ。

アロハ・スピリットとは？

誰もが知っているハワイの挨拶「アロハ」の言葉。アロハの意味はひとことで言えば「愛」を表すが、元の意味を調べるとハワイ語でアロは「顔」、ハは「息」を示している。「顔を寄せて息をする」つまり、恋人や家族、友人に顔を寄せて大切な言葉をかける場面を想像してみると、この言葉のも

つ雰囲気がわかってくるはず。ひとつの言葉の中にさまざまな意味を含むハワイ語。アロハの5文字に込められたこれらすべてを包み込んだ精神こそが「アロハ・スピリット」として人々に受け継がれている伝統だ。フラをするうえでもアロハ・スピリットは欠かせない。

PART

4

チームの心をひとつにする

チームで踊りをそろえる

チームで踊る場合、踊りがそろっていなければならない。
踊りの技術だけでなく全員の心がひとつになることも大切。
アロハの心を忘れずに、みんなの心をひとつにして踊ろう。

「ライン」を
そろえるためには自分の位置を確認

> 💡 コレが
> できる! **ラインがそろっていることで、踊りの完成度をより高めてくれる。**

**基本のステップをそろえ
自分の位置を体で覚える**

　チームで踊るときいちばん大切なのはラインがそろっていること。ラインがいかにきれいにそろっているかによって、踊りの完成度は違ってくる。

　縦、横、斜めのどのラインにおいても、前後左右の人との間隔や、足の角度や体の角度、歩幅が違うとラインは乱れる。

　基本のステップの習得とともにチームで踊りをそろえ、そしてラインの中での**自分のポジションをしっかり体で覚える**ことが大切だ。

効くツボ
1. 縦ラインの基準は前の人
2. 横ラインの基準は右の人
3. 斜めは整えた位置を覚える

効くツボ 1

縦のラインは前の人を基準に
自分の体を重ねる

チームでラインをそろえるのにいちばん簡単なのが縦のライン。美しいラインは正面から見て前の人に次の人の体が完全に重なる。自分の前の人を基準に、前の人の体に自分の体を重ねるようにすれば整った縦のラインができる。前の人との間隔は手を前に伸ばしても当たらない距離で。

 効くツボ 2

横のラインは右隣の人を
基準にして位置を確認

踊りの最初は右を向いたり、右へ進む踊りが多い。横のラインをそろえるには自分の右隣の人の位置を基準にする。横のラインをそろえ、隣同士の間隔も確認するために写真のように手を伸ばす。隣の人と手と手が重なる距離を同じにすると、正面から見たときの横の間隔も美しく見える。

効くツボ 3

斜めのラインは斜め前の人を
基準にして体の位置を覚える

縦や横に比べ、そろえるのが難しい斜めのライン。まずは自分の斜め前の人に対して「前ならえ」をしてラインを整える。そのまま斜め前の人を見ながら、あるいは正面向きで踊る場合などがあるので、踊るときの体の向きにもどす。あとは自分の位置をよく覚えておくことが大切。

☞やってみよう
踊りながらラインを変える

曲の最初から最後まで同じラインで踊るだけとは限らない。縦、横、斜めの基本ができたら、三角形になったりダイヤモンド形になったりと途中でラインを変えてみる練習もしよう。

できないときはここをチェック

踊っている最中に自分がラインを崩していないか確認。前や隣の人が見えない場合もある。日頃からステップをあわせておくことは重要だ。

常に基準となる「歩幅」を意識して美しいラインを保つ

💡 **コレができる！** 歩幅がそろうことで、踊りの最中の移動でも美しいラインが保てる。

常に前の人や右の人との歩幅や進み具合を意識する

チームの踊りをそろえるために、日頃の練習のときからチームでの歩幅をあわせておくのは大切。歩幅をあわせる前にまずは立ち方の基準も確認。ほとんどのステップの基準となる立ち方は、左右の足先を外側に向け、土踏まずのあたりに握りこぶしが入る程度あけるようにすること。移動するとき歩幅が違うとラインが乱れてしまう。常に**前の人、あるいは右の人の歩幅や進み具合を意識する**ことが大切だ。

効くツボ
1. 正面の歩幅はグーで確認
2. 前や右の人とあわせる
3. テープで確認する方法も

効くツボ **1**

正面向きに立つときの歩幅は
握りこぶしを入れて確認

正面を向いて立つときの基準の歩幅は、足先を外に向け、左右の土踏まずの位置に握りこぶしが入る程度足の間をあける。並んだときは隣同士の位置の間隔をよく確認。手を横に伸ばしたり、腰に手を置いて両ヒジを張ってみて、どのくらいの距離を空けるのかチームでの基準を決める。

効くツボ **2**

後ろにさがるときも
基準の人の歩幅にあわせる

前から後ろにさがるステップのとき、それぞれの歩幅が違うと、最初にきれいに並んでいてもどんどんラインが乱れてしまう。日頃から練習のときに前後左右の人と歩幅が同じになるよう気をつけること。基準としては横ラインのときは右の人、縦ラインのときは前の人の歩幅にあわせる。

効くツボ **3**

床にテープを貼って
歩幅の基準を覚える方法

写真のようにレレ イムア（P22）で前に進むときも、右の人の歩幅や進み具合を常に意識する。練習のときに床にテープを貼り、それをチームの歩幅の基準として覚えておく方法もある。本番のときにはもちろん床にテープはないので何度も繰り返し練習しておくことが大切。

 やってみよう

斜めに進む歩幅も練習

前進や後退の歩幅がそろうようになったら、斜め45度前に進む、もどるの移動の歩幅もそろえておる。そうすることでさまざまなラインのバリエーションができるようになる。

できないときはここをチェック

歩幅を気にして周りをキョロキョロしないこと。歩幅をそろえるには、とにかく練習の積み重ねが大切。練習のときに常に意識しておく。

「角度」や「目線」は
チームで基準を決めてあわせる

> 💡 コレが できる! 角度や目線があうと、ラインが乱れることもなく表現も美しくなる。

すべてをそろえるためには 基準を決めて確認する

　手や足の角度、体の向きをそろえるのは大切。そして目線も重要だ。チームで踊っている最中、みんなと違うところを見ているのは意外と目立つ。

　目線は手の先を見る場合が多いが、手を下に伸ばしたときに指先を見ると顔が下を向いてしまい悲しい感じになってしまう。下に伸ばしたときは顔が下向きにならないよう、**指先よりやや先のほうを見ること**。チームですべての踊りがそろうよう練習を積み重ねよう。

効くツボ
1. **手の角度の基準は 45 度**
2. **体はおへその向きが基準**
3. **1歩目の足の角度は重要**

 効くツボ 1

常に 45 度を基準にして
手を斜め前に上下させる

手を斜めにあげる場合もさげる場合も、斜め
45 度の方向に 45 度の高さにあげるのが基
準となる。あげる場合もさげる場合も 45 度という
角度はいちばんきれいに見える。また 45 度という
角度はわかりやすいのでチームでもそろえやすい。
並んだときには右隣の人にあわせること。

 効くツボ 2

斜めに体をそろえるときの
基準はおへその向きに

写真のように斜め向きに体をそろえる場合、お
へそを 45 度の角度に向ける、と基準を決め
る。自分では 45 度を向いているつもりでもできて
いない場合があるので、お互い確認しあうこと。顔
の向きも手を伸ばしていないときは、どの位置を見
るかなど、基準となる所を決めておく。

効くツボ 3

ステップの第1歩目の角度を
そろえることが重要

写真はインヴァートステップの第 1 歩目。斜め
後ろ 45 度に右足を出したところ。どのステッ
プにおいても、チームでそろえるためには第 1 歩目
の足の角度が重要。足の角度と歩幅をきちんとそろ
えておけば、各自の位置がずれる心配はない。目線
も出したヒジの先を見るなどと決めておく。

☞やってみよう

少しずつ加えてみよう

手の角度、体の向き、足の角度のそれぞれが
ひとつずつ確実にそろうようになったら、これ
らを少しずつ加えていき、すべての角度、そし
て目線がそろうよう練習して完璧を目指そう。

できないときはここをチェック

体の向きをそろえるのはなかなか難し
い。正面向きに問題がなくても、斜め
向きの角度の感覚は人によって違いが
あるので確認しあおう。

「速度」はカウントであわせ
そろうまで何度も練習をする

> **コレが
できる!** 手や体などの動きの速度がそろうことで、チームがより一体となる。

**カウントをとりながら
練習を重ねることが大切**

　チームで踊りをそろえるの
に大切なことの中でも、速度
をあわせるのがいちばん難し
い。手を広げたり、体を回転
させたり、移動したりするそ
れぞれの動きの速度には、早
い遅いなどの個人差がある。
速度をあわせるためには、や
はりチームで**何度も練習を
重ねる。**

　**確実なのがカウントであ
わせる**こと。練習のときに
1、2、3、4、などとカウ
ントをとりながら、チーム全
員の速度をあわせていこう。

効くツボ
1. **基準となる人にあわせる**
2. **基準のカウントを決める**
3. **常に周りを意識しておく**

効くツボ 1

手を広げるときも
前や右の人にあわせる

手を広げるときの速度も、歩幅や角度のときと同じように基準を前や右の人にあわせる。写真のように目線を指先のほうに向ける場合、視角が許す範囲で右の人を意識しながら手を広げる速度をあわせること。練習のときはカウントをとりながら繰り返し行い、全員の速度をそろえる。

効くツボ 2

回る速度は、基準となる
カウントを決める

速度の中でも回る速度をあわせるのは難しい。写真はアミポエポエ（P30）のステップ。1回転するのに何拍かけるか、真後ろになるのは何拍目になるのかなど、回る基準のカウントを決めておく。そして回りながらでも、自分の目線の前にいる人の速度を常に意識することが大切だ。

 効くツボ 3

体を移動させる速度も
常に周りの速度を意識する

ハンドモーションやステップで体が移動するときの速度も、基準は前や右の人になり、あわせる意識をする。目線を指先に向けていても、視角が許す範囲で周りの速度を見ながらあわせること。もちろん各自がハンドモーションやステップを習得することも速度をあわせるうえで大切だ。

やってみよう
手を上下させる速度も練習

手を上から下に移動させる速度をそろえることも簡単なようで意外と難しい。まずはカ ヴァヒネ（P54）のハンドモーションをチームで繰り返し練習し、そろえられるようにしよう。

できないときはここをチェック

回る速度をあわせるのはいちばん難しい。回っている最中はなかなか周りも見づらい。カウントをとりながらの練習を繰り返し行うこと。

感動の踊りを
贈るために「心をひとつ」にする

> 💡 **コレが できる!** チームの心がひとつになったとき、感動のフラが表現できる。

踊りの最後の決め手は
チーム全員の心をひとつに

チームで踊りをそろえるために、ライン、歩幅、角度、目線、速度をそろえることは欠かせない。全員がぴったりとそろうことで踊りの完成度が高まる。

だが、何よりも大切なことを忘れてはならない。それは**チーム全員の「心をひとつにする」**こと。心がバラバラだと、いくら踊りが完璧にそろっていても、見る人に感動を与えるいい踊りはできない。

アロハの精神を忘れずに、心をひとつにしよう。

効くツボ
1. 輪になりアロハの心を確認
2. 服装や髪型もそろえる
3. 踊り以外の共同作業を行う

効くツボ 1

踊る前に全員で輪になり
アロハの心を確認する

練習や本番のときでも、踊る前に輪になる。手をつなぐことで同じ血が流れるオハナ（ハワイ語で家族）となり、心をひとつにしてから踊りに向かえる。オリ アロハを歌ってやさしさ、調和、寛大さ、謙虚さ、忍耐強さを兼ね備えたアロハの心を改めて全員で確認することが大切。

効くツボ 2

気持ちだけでなく
服装や髪型もそろえる

心をひとつにして踊るためには、オハナという気持ちだけでなく、服装や髪型をそろえることも必要となる。本番の舞台のうえではもちろん衣装や髪型はそろえる。だが、日頃の練習のときから同じTシャツやパウスカートを着る、髪型もアップにしてクウペエをつける、と統一すること。

効くツボ 3

踊り以外の共通の作業や
時間がチームを結びつける

踊る前や踊るあいだの心がまえ、そして服装や髪型などをそろえるだけではなく、共同作業をすることも心をひとつにするために必要なこと。一緒に踊りの練習をすることも共同作業ではあるが、クウペエを一緒につくるなどの共通の作業や時間が、チームの強い結びつきを生むのである。

やってみよう
コミュニケーションをとる

チームワークを育むことが心をひとつにする。踊り以外でもできる限りコミュニケーションをとるようこころがけよう。挨拶は何よりも大切なコミュニケーション。挨拶は笑顔で積極的に。

できないときはここをチェック ☑

グループのひとりひとりがアロハの心を確認する。やさしい心、調和の心、寛大な心、謙虚な心、忍耐強い心をもつことで心がひとつになる。

ジェーン流上達法

「感動のフラ」を踊るために
これだけはやっておきたい

どうすればもっとフラがうまくなるのか。
日頃からこころがけておきたいことを知って役立てよう。

1 ビデオやDVDで本物を見る

どの芸術でも「本物を知る」ことは大切。メリー・モナーク・フェスティバルなどの映像で「本物の踊り」を見ておくと、踊りの参考になる。

2 歌の意味を理解する

フラは物語を踊りで表現する。まずハワイ語や英語をよく理解しなければならない。そのうえで歌われている感情や自然を表情や振付で表現しよう。

3 先生の踊りを「盗む」

フラは先生から教えてもらうのではなく、先生から学び、そして盗む。レッスンのときは先生と自分の踊りの違いをチェック。顔の表情や目線も学ぶこと。

4 1つの曲は 500 回踊る

習った曲は家でもたくさん練習する。振付を単に覚えるのではなく、踊りを自分のものにする。そのためにも1つの曲を 500 回踊るつもりで練習を。

5 ステージで踊る

フラは見せるもの。ステージで踊りながら観客とともに感動するとき、最高の喜びを感じるはず。見ている人が笑顔になるよう心を込めて踊ろう。

メリー・モナークとは？

フラの本場ハワイでは、年間を通していくつものフラのフェスティバルやコンペティションなどが行われている。その中で最も盛大に行われるのが、メリー・モナーク・フェスティバル。毎年 4 月、ハワイ島ヒロで開催される。町おこしイベントとして始まり、現在のようなコンペティション形式になったのは 1971 年から。大会名であるメリー・モナークとは「陽気な王様」の意味。宣教師たちによって一時期禁止されていたフラを復活させたカラカウア王のニックネームからつけられた。伝統にもとづいた本場の踊りを見るのは参考になること間違いなし。

古典フラ「カヒコ」と 現代フラ「アウアナ」

　フラには古典フラといわれる「カヒコ」と現代フラの「アウアナ」の2種類がある。この本で紹介してきたハンドモーションやステップはアウアナであり、華やかな衣装で踊る。

カヒコは過度の装飾品を身につけることはしない。アウアナはウクレレやギターの伴奏にあわせて踊るが、カヒコはオリ（朗唱）を詠みあげ、ひょうたんでつくられたイプヘケと呼ばれる打楽器やたいこ等を打ち鳴らしながら歌い手のメレ（歌）にあわせて踊る。フラは神に祈り、自然の恵みに感謝の気持ちをささげる神聖な踊りとして生まれたもの。文字をもたなかった古代ハワイの人々が神話や伝説を受け継いでいくための手段であった。19世紀前半、キリスト教の宣教師たちによってフラは禁止に追い込まれた。しかし、19世紀末、カラカウア王によりハワイの伝統文化であるフラが復興。ウクレレなど新しい楽器や音楽が欧米から入り、それにあわせて踊る現代フラのアウアナが誕生したのもこの頃。

　ハワイの歴史と深く結びつきのあるフラの起源を知っておくことで、踊りに深みをもたせるのに役立つことなる。

カヒコでは自然の素材で作られた打楽器が使われる。写真は、ひょうたんをくりぬいて作られたイプヘケ。

Ka Pilina カ ピリナ

◇◇◇

カ ピリナとはハワイ語で「つながり」という意味をもつ。

愛しあう男女の甘美な一夜を、小鳥が蜜を吸う様子とさえずりに例えている。

1

`Ō`io`io`ka `elepaio
エレパイオ(鳥)が愛を囁いている

I ke kulu o ke aumoe
真夜中が近づいて

Kani a`e ka `apapane
アパパネ(蜜吸鳥)はさえずる

Me kona leo nahenahe
美しい歌声で

`O ka pilina ā kāua
私たちの親密な愛

`O ka pilina ā kāua
私たちの親密な愛

2

Lohe `ia ke ao
夜明けには聞こえる

He mele ko ka `i`iwi pōlena
イイヴィ(鳥)の歌声が

Eia a`e ka wahine
美しい女性が

Halihali `ia mai e nā manu
鳥たちに導かれてやってきた

`O ka pilina ā kāua
私たちの親密な愛

`O ka pilina ā kāua
私たちの親密な愛

※文字上の「¯」は伸ばすを意味する

`Ulupalakua

ウルパラクア

ウルパラクアとはマウイ島のハレアカラー火山の中腹にある町の名前で
カウボーイの故郷。これはウルパラクア牧場で働くカウボーイたちの物語。
1日の激しい労働を終えるとすでに周りは夕闇、高地は冷気に包まれる。
彼方に見える我が家の灯り、そこには愛妻と温かい夕食が待っているのである。

1
Kaulana mai nei
実に有名な場所

A`o`Ulupalakua
ウルパラクア（牧場）

He `īnikiniki `ahiahi
夕べの冷気に包まれる

Ka home a`o paniolo
カウボーイたちの家

2
E wehi e ku`u lei
わたし（ウルパラクア）の美しいレイ（愛する人）は

A`o`Ulupalakua
ウルパラクアの我が家に

`Onaona me ka `awapuhi
ジンジャーの芳香

He nani ma`oli no
それは本当に美しい

3
Ha`ina mai ka puana
もういちどお話しします

A`o`Ulupalakua
これはウルパラクアの物語

He `īnikiniki ahiahi
夕べの冷気に包まれる

Ka home a`o paniolo
カウボーイたちの家

魅せるフラ　上達レッスン
基本と表現力を磨く50のポイント

すべての項目の「ポイント」を一覧にしました。
ここに大事なテクニックが凝縮されています。
ひととおり読み終えたらレッスンスタジオへ切り取って持って行き、
内容を実際に確認してみてください。

▌ PART 1 　⟨⟩　ステップとハンドモーション

ポイント No.01 「カオ」は上半身を固定し 腰から下をなめらかに揺らす　P12	ポイント1	ヒザは十分に曲げる
	ポイント2	上半身は動かさない
	ポイント3	カカトは自然にあげる
ポイント No.02 「ヘラ」は十分に腰を揺らし、 差し出した足は伸ばす　P14	ポイント1	ヒザの曲げ伸ばしに注意
	ポイント2	頭の高さは一定に保つ
	ポイント3	足は静かに優雅に差し出す
ポイント No.03 「カーホロ」のステップは 頭の高さを一定に保つ　P16	ポイント1	足の動きにあわせ体重移動
	ポイント2	進む方向へ十分にスウェイ
	ポイント3	進む足は高くあげない
ポイント No.04 「カーホロ フラ」は 胸の位置で手首をなめらかに動かす　P18	ポイント1	手の位置は胸の高さに保つ
	ポイント2	顔は常に進行方向を見る
	ポイント3	体は上下に揺れないように
ポイント No.05 「オーステップ」はヒザを 十分に曲げてから体を90度真横に　P20	ポイント1	片足を前に出し体を真横に
	ポイント2	常にヒザは曲げておく
	ポイント3	出した前足に体重移動
ポイント No.06 「レレ イムア」は前進 「レレ イホペ」は後退する　P22	ポイント1	足を出す位置は斜め45度に
	ポイント2	視線は常に手先を見る
	ポイント3	前進、後退の姿勢に注意
ポイント No.07 「クイ」は片足を内側に蹴りあげ、 軽快にステップする　P24	ポイント1	あげた足のカカトは内側を向く
	ポイント2	下ろす位置は足首あたり
	ポイント3	腰のスウェイを十分に行う
ポイント No.08 「インヴァート」は 半円を描くようにステップする　P26	ポイント1	おへそは斜め45度に
	ポイント2	右足をさげて右へ進む
	ポイント3	顔は常に正面を見る
ポイント No.09 「アミ」は円を描くように 腰を回してステップする　P28	ポイント1	腰で円を描くイメージ
	ポイント2	後ろへお尻を突き出す
	ポイント3	おへそを前に突き出す
ポイント No.10 「アミ ポエポエ」は ヒザをしっかり曲げて腰を回す　P30	ポイント1	軸にした足は動かさない
	ポイント2	拍子の半分で真後ろを向く
	ポイント3	手の高さは常に一定に保つ
ポイント No.11 「ウヴェヘ」はヒザを 斜め前に突き出すように開く　P32	ポイント1	つま先も床から離す
	ポイント2	ヒザを斜め前に突き出す
	ポイント3	ヒザを開くタイミング
ポイント No.12 「レレ ウヴェヘ」は 出した足をもどしてヒザを曲げる　P34	ポイント1	出した足のヒザは伸ばす
	ポイント2	ヒザの曲げは十分に
	ポイント3	腰のスウェイを止めない

Mā kaukau?

監修 ◇◇◇◇◇◇◇◇◇◇◇◇◇◇◇◇◇◇◇◇◇◇◇◇◇◇◇◇◇◇◇◇◇◇◇

ジェーン・クウレイナニ

1988 年にハワイにてフラを学び、今日まで数々の著名なクム（先生）らから教えを受ける。2006 年にはワイキキにて開催される World Invitation Hula Festival そして Kalakaua Hula Competition に地元のフラチームの一員として出場。後者では準優勝を果たす。国内外問わず多数のショー、イベント、メディアに出演し、東京、神奈川を中心に多数のクラスを主宰。「フラはハワイのもので、日本のものではない」という信念からレッスンはすべてハワイ式で行い、ハワイ語と英語を尊重したレッスンは多くのファンと生徒から支持を得ている。

Facebook, YouTube で
「Na Hula O Ke Kai Malu」で検索してください。

協力モデル ◇◇◇◇◇◇◇◇◇◇◇◇◇◇◇◇◇◇◇◇◇◇◇◇◇◇◇◇◇◇◇◇◇◇

鹿内 美樹（しかうち みき）　　**菊井 典子（きくい のりこ）**

フラ教室 ◇◇◇

ナ・フラ・オ・ケ・カイ・マル

東京、神奈川を中心にフラ教室を展開。丁
寧かつハワイ式のレッスンは定評があり、
「感動のフラ」を目指して大人から子どもま
で日々レッスンに励んでいる。親子でのレッ
スンも人気で、「週1回のレッスンが待ち遠
しい！」との声も。レッスンで覚えた曲を
発表会ほか、日本、ハワイのいろいろなイ
ベントでも披露し、さまざまなコンテスト
にも出場。日本はもちろん、ハワイでのテ
レビ出演もありました。

レッスン案内 ◇◇◇

■東京

深大寺クラス	火曜日・午前	深大寺
稲城クラス	木曜日・夜	稲城

■神奈川

マーリエ・クラス	火曜日・午後	横浜
子ども・親子クラス	火曜日・夕方	横浜
湘南クラス	火曜日・夜	逗子
木曜午前クラス	木曜日・午前	横浜
ガールズ・クラス	木曜日・夜	横浜
子ども・親子クラス	金曜日・夕方	横浜
土曜午前クラス	土曜日・午前	横浜
土曜午後クラス	土曜日・午後	横浜

無料体験レッスン受付中
初心者歓迎、生徒募集中

お問い合わせ：090-1837-9020
メール：janeyoshie@aol.com

STAFF

【監修】
ジェーン・クウレイナニ

【モデル】
ジェーン・クウレイナニ
菊井 典子
鹿内 美樹

【編集】
ナイスク
http://www.naisg.com/
松尾 里央／岸 正章

【撮影】
魚住 貴弘

【デザイン】
沖増岳二 (elmer graphics)

【DTP】
小池那緒子 (ナイスク)

【取材・執筆】
溝口 弘美

魅せるフラ 上達レッスン
基本と表現力を磨く50のポイント

2020年9月20日　　第1版・第1刷発行

監修者　　ジェーン・クウレイナニ
発行者　　株式会社メイツユニバーサルコンテンツ
　　　　　（旧社名:メイツ出版株式会社）
　　　　　代表者　三渡　治

　　　　　〒102-0093 東京都千代田区平河町一丁目 1-8
　　　　　TEL:03-5276-3050（編集・営業）
　　　　　　　　03-5276-3052（注文専用）
　　　　　FAX:03-5276-3105

印　刷　三松堂株式会社

◎『メイツ出版』は当社の商標です。

ご意見・ご感想はホームページから承っております。
ウェブサイト https://www.mates-publishing.co.jp/

編集長：折居かおる　副編集長：堀明研斗　企画担当：大羽孝志／千代　寧

※本書は2009年発行の『もっと魅せる!感動のフラ 上達のポイント50』を元に加筆・修正を行っています。